書名：地理辨正揭隱（足本）附連城派秘鈔口訣
系列：心一堂術數古籍珍本叢刊　堪輿類
作者：〔民國〕王邈達

主編、責任編輯：陳劍聰
心一堂術數古籍珍本叢刊編校小組：陳劍聰　素聞　梁松盛　鄒偉才　虛白盧主

出版：心一堂有限公司
地址／門市：香港九龍尖沙咀東麼地道六十三號好時中心LG 六十一室
電話號碼：+852-6715-0840
網址：www.sunyata.cc
電郵：sunyatabook@gmail.com
網上書店：http://book.sunyata.cc
網上論壇：http://bbs.sunyata.cc/

版次：二零一四年三月初版
平裝

定價：
港幣　一百六十元正
人民幣　一百六十元正
新台幣　四百八十元正

國際書號：ISBN 978-988-8266-58-6

香港及海外發行：香港聯合書刊物流有限公司
地址：香港新界大埔汀麗路三十六號中華商務印刷大廈三樓
電話號碼：+852-2150-2100
傳真號碼：+852-2407-3062
電郵：info@suplogistics.com.hk

台灣發行：秀威資訊科技股份有限公司
地址：台灣台北市內湖區瑞光路七十六巷六十五號一樓
電話號碼：+886-2-2796-3638
傳真號碼：+886-2-2796-1377
網路書店：www.govbooks.com.tw
www.bodbooks.com.tw
經銷：易可數位行銷股份有限公司
地址：台灣新北市新店區寶橋路二三五巷六弄三號五樓
電話號碼：+886-2-8911-0825
傳真號碼：+886-2-8911-0801
email：book-info@ecorebooks.com
易可部落格：http://ecorebooks.pixnet.net/blog

中國大陸發行・零售：心一堂書店
深圳地址：中國深圳羅湖立新路六號東門博雅負一層零零八號
電話號碼：+86-755-8222-4934
北京地址：中國北京東城區雍和宮大街四十號
心一店淘寶網：http://sunyatacc.taobao.com

心一堂術數古籍 珍本叢刊 整理 總序

術數定義

術數，大概可謂以「推算（推演）、預測人（個人、群體、國家等）、事、物、自然現象、時間、空間方位等規律及氣數，並或通過種種『方術』，從而達致趨吉避凶或某種特定目的」之知識體系和方法。

術數類別

我國術數的內容類別，歷代不盡相同，例如《漢書·藝文志》中載，漢代術數有六類：天文、曆譜、五行、蓍龜、雜占、形法。至清代《四庫全書》，術數類則有：數學、占候、相宅相墓、占卜、命書、相書、陰陽五行、雜技術等，其他如《後漢書·方術部》、《藝文類聚·方術部》、《太平御覽·方術部》等，對於術數的分類，皆有差異。古代多把天文、曆譜、及部份數學均歸入術數類，而民間流行亦視傳統醫學作為術數的一環；此外，有些術數與宗教中的方術亦往往難以分開。現代學界則常將各種術數歸納為五大類別：命、卜、相、醫、山，通稱「五術」。

本叢刊在《四庫全書》的分類基礎上，將術數分為九大類別：占筮、星命、相術、堪輿、選擇、三式、讖諱、理數（陰陽五行）、雜術（其他）。而未收天文、曆譜、算術、宗教方術、醫學。

術數思想與發展——從術到學，乃至合道

我國術數是由上古的占星、卜筮、形法等術發展下來的。其中卜筮之術，是歷經夏商周三代而通過

「龜卜、蓍筮」得出卜（筮）辭的一種預測（吉凶成敗）術，之後歸納並結集成書，此即現傳之《易經》。經過春秋戰國至秦漢之際，受到當時諸子百家的影響、儒家的推崇，遂有《易傳》等的出現，原本是卜筮術書的《易經》，被提升及解讀成有包涵「天地之道（理）」之學。因此，《易・繫辭傳》曰：「易與天地準，故能彌綸天地之道。」

漢代以後，易學中的陰陽學說，與五行、九宮、干支、氣運、災變、律曆、卦氣、讖緯、天人感應說等相結合，形成易學中象數系統。而其他原與《易經》本來沒有關係的術數，如占星、形法、選擇，亦漸漸以易理（象數學說）為依歸。《四庫全書・易類小序》云：「術數之興，多在秦漢以後。要其旨，不出乎陰陽五行，生尅制化。實皆《易》之支派，傳以雜說耳。」至此，術數可謂已由「術」發展成「學」。

及至宋代，術數理論與理學中的河圖洛書、太極圖、邵雍先天之學及皇極經世等學說給合，通過術數以演繹理學中「天地中有一太極，萬物中各有一太極」（《朱子語類》）的思想。術數理論不單已發展至十分成熟，而且也從其學理中衍生一些新的方法或理論，如《梅花易數》、《河洛理數》等。

在傳統上，術數功能往往不止於僅僅作為趨吉避凶的方術，及「能彌綸天地之道」的學問，亦有其「修心養性」的功能，「與道合一」（修道）的內涵。《素問・上古天真論》：「上古之人，其知道者，法於陰陽，和於術數。」數之意義，不單是外在的算數、曆數、氣數，而是與理學中同等的「道」、「理」--心性的功能，北宋理氣家邵雍對此多有發揮：「聖人之心，是亦數也」、「萬化萬事生乎心」、「心為太極」。《觀物外篇》：「先天之學，心法也。……蓋天地萬物之理，盡在其中矣，心一而不分，則能應萬物。」反過來說，宋代的術數理論，受到當時理學、佛道及宋易影響，認為心性本質上是等同天地之太極。天地萬物氣數規律，能通過內觀自心而有所感知，即是內心也已具備有術數的推演及預測、感知能力；相傳是邵雍所創之《梅花易數》，便是在這樣的背景下誕生。

《易・文言傳》已有「積善之家，必有餘慶；積不善之家，必有餘殃」之說，至漢代流行的災變說及讖緯說，我國數千年來都認為天災，異常天象（自然現象），皆與一國或一地的施政者失德有關；下至家族、個人之盛衰，也都與一族一人之德行修養有關。因此，我國術數中除了吉凶盛衰理數之外，人心的德行修養，也是趨吉避凶的一個關鍵因素。

術數與宗教、修道

在這種思想之下，我國術數不單只是附屬於巫術或宗教行為的方術，又往往是一種宗教的修煉手段——通過術數，以知陰陽，乃至合陰陽（道）。「其知道者，法於陰陽，和於術數。」例如，「奇門遁甲」術中，即分為「術奇門」與「法奇門」兩大類。「法奇門」中有大量道教中符籙、手印、存想、內煉的內容，是道教內丹外法的一種重要外法修煉體系。甚至在雷法一系的修煉上，亦大量應用了術數內容。此外，相術、堪輿術中也有修煉望氣（氣的形狀、顏色）的方法；堪輿家除了選擇陰陽宅之吉凶外，也有道教中選擇適合修道環境（法、財、侶、地中的地）的方法，以至通過堪輿術觀察天地山川陰陽之氣，亦成為領悟陰陽金丹大道的一途。

易學體系以外的術數與的少數民族的術數

我國術數中，也有不用或不全用易理作為其理論依據的，如揚雄的《太玄》、司馬光的《潛虛》。也有一些占卜法、雜術不屬於《易經》系統，不過對後世影響較少而已。

外來宗教及少數民族中也有不少雖受漢文化影響（如陰陽、五行、二十八宿等學說）但仍自成系統的術數，如古代的西夏、突厥、吐魯番等占卜及星占術，藏族中有多種藏傳佛教占卜術、苯教占卜術、擇吉術、推命術、相術等；北方少數民族有薩滿教占卜術；不少少數民族如水族、白族、布朗族、佤族、彝族、苗族等，皆有占雞（卦）草卜、雞蛋卜等術，納西族的占星術、占卜術，彝族畢摩的推命術、占卜術……等等，都是屬於《易經》體系以外的術數。相對上，外國傳入的術數以及其理論，對我國術數影響更大。

曆法、推步術與外來術數的影響

我國的術數與曆法的關係非常緊密。早期的術數中，很多是利用星宿或星宿組合的位置（如某星在某州或某宮某度）付予某種吉凶意義，并據之以推演，例如歲星（木星）、月將（某月太陽所躔之宮次）等。不過，由於不同的古代曆法推步的誤差及歲差的問題，若干年後，其術數所用之星辰的位置，已與真實星辰的位置不一樣了；此如歲星（木星），早期的曆法及術數以十二年為一周期（以應地支），與木星真實周期十一點八六年，每幾十年便錯一宮。後來術家又設一「太歲」的假想星體來解決，是歲星運行的相反，週期亦剛好是十二年。而術數中的神煞，很多即是根據太歲的位置而定。又如六壬術中的「月將」，原是立春節氣後太陽躔娵訾之次而稱作「登明亥將」，至宋代，因歲差的關係，要到雨水節氣後太陽才躔娵訾之次，當時沈括提出了修正，但明清時六壬術中「月將」仍然沿用宋代沈括修正的起法沒有再修正。

由於以真實星象周期的推步術是非常繁複，而且古代星象推步術本身亦有不少誤差，大多數術數除依曆書保留了太陽（節氣）、太陰（月相）的簡單宮次計算外，漸漸形成根據干支、日月等的各自起例，以起出其他具有不同含義的眾多假想星象及神煞系統。唐宋以後，我國絕大部份術數都主要沿用這一系統，也出現了不少完全脫離真實星象的術數，如《子平術》，《紫微斗數》、《鐵版神數》等。後來就連一些利用真實星辰位置的術數，如《七政四餘術》及選擇法中的《天星選擇》，也已與假想星象及神煞混合而使用了。

隨着古代外國曆（推步）、術數的傳入，如唐代傳入的印度曆法及術數，元代傳入的回回曆等，其中我國占星術便吸收了印度占星術中羅睺星、計都星等而形成四餘星，又通過阿拉伯占星術而吸收了其中來自希臘、巴比倫占星術的黃道十二宮、四元素學說（地、水、火、風），並與我國傳統的二十八宿、五行說、神煞系統並存而形成《七政四餘術》。此外，一些術數中的北斗星名，不用我國傳統的星名：天樞、天璇、天璣、天權、玉衡、開陽、搖光，而是使用來自印度梵文所譯的：貪狼、巨門、祿存、文曲，廉貞、武曲、破軍等，此明顯是受到唐代從印度傳入的曆法及占星術所影響。如星命術的《紫微斗數》及堪輿術的《撼龍經》等文獻中，其星皆用印度譯名。及至清初《時憲曆》，置閏之法則改用西法「定氣」。清代以後的術數，又作過不少的調整。

陰陽學——術數在古代、官方管理及外國的影響

術數在古代社會中一直扮演着一個非常重要的角色，影響層面不單只是某一階層、某一職業、某一年齡的人，而是上自帝王，下至普通百姓，從出生到死亡，不論是生活上的小事如洗髮、出行等，大事如建房、入伙、出兵等，從個人、家族以至國家，從天文、氣象、地理到人事、軍事，從民俗、學術到宗教，都離不開術數的應用。我國最晚在唐代開始，已把以上術數之學，稱作陰陽（學），行術數者稱陰陽人。（敦煌文書、斯四三二七唐《師師漫語話》：「以下說陰陽人謾語話」，此說法後來傳入日本，今日本人稱行術數者為「陰陽師」）。一直到了清末，欽天監中負責陰陽術數的官員中，以及民間術數之士，仍名陰陽生。

古代政府的中欽天監（司天監），除了負責天文、曆法、輿地之外，亦精通其他如星占、選擇、堪輿等術數，除在皇室人員及朝庭中應用外，也定期頒行日書、修定術數，使民間對於天文、日曆用事吉

凶及使用其他術數時，有所依從。

中國古代政府對官方及民間陰陽學及陰陽官員，從其內容、人員的選拔、培訓、認證、考核、律法監管等，都有制度。至明清兩代，其制度更為完善、嚴格。

宋代官學之中，課程中已有陰陽學及其考試的內容。（宋徽宗崇寧三年〔一一零四年〕崇寧算學令：「諸學生習……並曆算、三式、天文書。」，「諸試……三式即射覆及預占三日陰陽風雨。天文即預定一月或一季分野災祥，並以依經備草合問為通。」

金代司天臺，從民間「草澤人」（即民間習術數之士）考試選拔：「其試之制，以《宣明曆》試推步，及《婚書》、《地理新書》試合婚、安葬，並《易》筮法，六壬課、三命、五星之術。」（《金史》卷五十一・志第三十二・選舉一）

元代為進一步加強官方陰陽學對民間的影響、管理、控制及培育，除沿襲宋代、金代在司天監掌管陰陽學及中央的官學陰陽學課程之外，更在地方上增設陰陽學之課程（《元史・選舉志一》：「世祖至元二十八年夏六月始置諸路陰陽學。」）地方上也設陰陽學教授員，培育及管轄地方陰陽人。（《元史・選舉志一》：「（元仁宗）延祐初，令陰陽人依儒醫例，於路、府、州設教授員，凡陰陽人皆管轄之，而上屬於太史焉。」）自此，民間的陰陽術士（陰陽人），被納入官方的管轄之下。

至明清兩代，陰陽學制度更為完善。中央欽天監掌管陰陽學，明代地方縣設陰陽學正術，各州設陰陽學典術，各縣設陰陽學訓術。陰陽人從地方陰陽學肄業或被選拔出來後，再送到欽天監考試。（《大明會典》卷二二三：「凡天下府州縣舉到陰陽人堪任正術等官者，俱從吏部送（欽天監），考中，送回選用；不中者發回原籍為民，原保官吏治罪。」）清代大致沿用明制，凡陰陽術數之流，悉歸中央欽天監及地方陰陽官員管理、培訓、認證。至今尚有「紹興府陰陽印」、「東光縣陰陽學記」等明代銅印，及某某縣某某之清代陰陽執照等傳世。

清代欽天監漏刻科對官員要求甚為嚴格。《大清會典》「國子監」規定：「凡算學之教，設肄業生。滿洲十有二人，蒙古、漢軍各六人，於各旗官學內考取。漢十有二人，於舉人、貢監生童內考取。附學生二十四人，由欽天監選送。教以天文演算法諸書，五年學業有成，舉人引見以欽天監博士用，貢監生童以天文生補用。」學生在官學肄業、貢監生肄業或考得舉人後，經過了五年對天文、算法、陰陽學的學習，其中精通陰陽術數者，會送往漏刻科。而在欽天監供職的官員，《大清會典則例》「欽天監」規定：「本監官生三年考核一次，術業精通者，保題升用。不及者，停其升轉，再加學習。如能黽勉供職，即予開複。仍不及者，降職一等，再令學習三年，能習熟者，准予開複，仍不能者，黜退。」除定期考核以定其升用降職外，《大清律例》中對陰陽術士不準確的推斷（妄言禍福）是要治罪的。《大清律例．一七八．術七．妄言禍福》：「凡陰陽術士不許於大小文武官員之家妄言禍福，違者杖一百。其依經推算星命卜課，不在禁限。」大小文武官員延請的陰陽術士，自然是以欽天監漏刻科官員或地方陰陽官員為主。

官方陰陽學制度也影響鄰國如朝鮮、日本、越南等地，一直到了民國時期，鄰國仍然沿用着我國的多種術數。而我國的漢族術數，在古代甚至影響遍及西夏、突厥、吐蕃、阿拉伯、印度、東南亞諸國。

術數研究

術數在我國古代社會雖然影響深遠，「是傳統中國理念中的一門科學，從傳統的陰陽、五行、九宮、八卦、河圖、洛書等觀念作大自然的研究。……傳統中國的天文學、數學、煉丹術等，要到上世紀中葉始受世界學者肯定。可是，術數還未受到應得的注意。術數在傳統中國科技史、思想史，文化史、社會史，甚至軍事史都有一定的影響。……更進一步了解術數，我們將更能了解中國歷史的全貌。」（何丙郁《術數、天文與醫學中國科技史的新視野》，香港城市大學中國文化中心。）

可是術數至今一直不受正統學界所重視，加上術家藏秘自珍，又揚言天機不可洩漏，「（術數）乃吾國科學與哲學融貫而成一種學說，數千年來傳衍嬗變，或隱或現，全賴一二有心人為之繼續維繫，賴以不絕，其中確有學術上研究之價值，非徒癡人說夢，荒誕不經之謂也。其所以至今不能在科學中成立一種地位者，實有數困。蓋古代士大夫階級目醫卜星相為九流之學，多恥道之；而發明諸大師又故為惝恍迷離之辭，以待後人探索；間有一二賢者有所發明，亦秘莫如深，既恐洩天地之秘，復恐譏為旁門左道，始終不肯公開研究，成立一有系統說明之書籍，貽之後世。故居今日而欲研究此種學術，實一極困難之事。」（民國徐樂吾《子平真詮評註》，方重審序）

現存的術數古籍，除極少數是唐、宋、元的版本外，絕大多數是明、清兩代的版本。其內容也主要是明、清兩代流行的術數，唐宋以前的術數及其書籍，大部份均已失傳，只能從史料記載、出土文獻、敦煌遺書中稍窺一鱗半爪。

術數版本

坊間術數古籍版本，大多是晚清書坊之翻刻本及民國書賈之重排本，其中豕亥魚魯，或而任意增刪，往往文意全非，以至不能卒讀。現今不論是術數愛好者，還是民俗、史學、社會、文化、版本等學術研究者，要想得一常見術數書籍的善本、原版，已經非常困難，更遑論稿本、鈔本、孤本。在文獻不足及缺乏善本的情況下，要想對術數的源流、理法、及其影響，作全面深入的研究，幾不可能。

有見及此，本叢刊編校小組經多年努力及多方協助，在中國、韓國、日本等地區搜羅了一九四九年以前漢文為主的術數類善本、珍本、鈔本、孤本、稿本、批校本等數百種，精選出其中最佳版本，分別輯入兩個系列：

一、心一堂術數古籍珍本叢刊

二、心一堂術數古籍整理叢刊

前者以最新數碼技術清理、修復珍本原本的版面，更正明顯的錯訛，部份善本更以原色精印，務求更勝原本，以饗讀者。後者延請、稿約有關專家、學者，以善本、珍本等作底本，參以其他版本，進行審定、校勘、注釋，務求打造一最善版本，供現代人閱讀、理解、研究等之用。不過，限於編校小組的水平，版本選擇及考證、文字修正、提要內容等方面，恐有疏漏及舛誤之處，懇請方家不吝指正。

心一堂術數古籍 珍本 整理 叢刊編校小組

二零一三年九月修訂

山上通根口訣

壬辰癸巳通。甲未乙申逢。丙戌丁亥是。
庚丑辛寅同。四正四維法。对待要正宗。

水裡通根訣

壬未癸申通。甲戌乙亥逢。丙丑丁寅是。
庚辰辛巳同。四正四維法。依能对待從。
水裡尋父母。運用妙玄竅。排山用挂四。
左右問对衡。此是水裡訣。与山又不同。

山上父母口訣

一乾、甲午亥。二坤、未申巳。三震、壬酉乙。四巽、丙乾申。六乾丑巽癸。七兌庚卯丁。八艮戌坤寅。九離辰子辛。

水裡金星口訣、

一坎、壬巽寅。二坤、丙卯辛。三震、丑坤亥。四巽、庚子巳。六乾、戌午乙。七兌、辰艮申。八艮甲丙癸。九離、未乾丁。

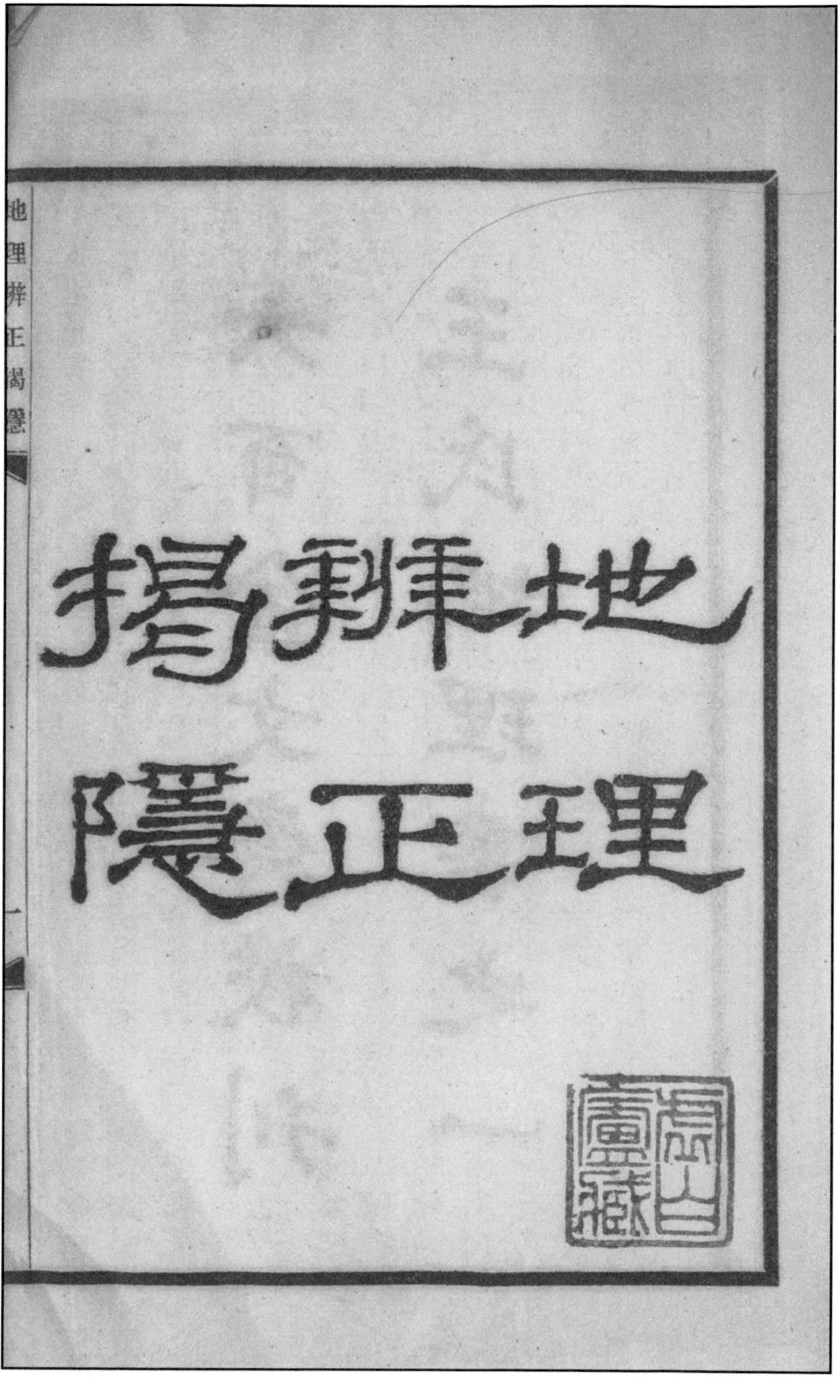

地理辨正揭隱

地理辨正揭隱

六百金文齋校刊

王氏地理書之一

王氏地理書序

易繫辭曰天垂象見吉凶聖人象之河出圖洛出書聖人則之是故通其變遂成天地之文極其數遂定天下之象蓋非極深研幾不能以與於此漢志敍陰陽五行天文曆譜蓍龜雜占形法數術大抵皆易之支與流裔若其書有堪輿金匱宮宅地形諸目疑與後世相墓書爲近世傳相墓書雖多出唐後依託然其術之精者亦自有法度固不能人人而喻得其旨趣者必於象數有合不可誣也葬法本取諸大過藏其形魄所以厚終非所以徼福俗師不足知此禮失而求諸野楊曾之流皆生五代亂世或其有託而逃者歟晦庵元定大儒也亦樂道之蓋山川融結自然之理若元運衰王亦猶五德終始之說矣清人若張惠言註天玉李文田註撼龍猶不能得其義吾友王君邈達病蔣大鴻趙連城兩家之言隱而未宣乃發憤箸仰觀俯察地理辨證揭隱二書盡發其祕蓋王君晚而好易其所得多由自悟窮探力索之久始灑然而不疑時人或未能先之以覘繆希雍端木國瑚之書迥乎不侔矣禮

運曰天秉陽垂日星地秉陰竅於山川此當爲葬法所祖王君之說時位庶
幾得其義者世之言此者得於形未必得於氣得於氣未必得於理若王君
之書可謂詳且晰矣今年君七十凡與君遊好之士謀爲剡是書以壽之屬
以一言爲之引予以君是書足以自壽亦足以壽人固無待於鄙言若夫隨
喜讚歎比於進君一觴則亦不容以固陋辭惜乎於君之書未能窺其涯涘
也

丁亥六月馬湛翁

地理辨正揭隱序

堪輿家最上之名義曰玄空玄空之學盛於江西自唐迄宋楊曾廖賴四大家寔乎尙矣明清之際雲間蔣大鴻武寧趙連城分樹幟於南北連城傳劉月泉月泉傳蔡良材良材傳湖北樂惟楚惟楚還以傳之武寧錢子英世所稱連派者是也淸咸同間余季叔祖宦於湘得湘名宿劉麓巖先生玄空闡祕解組後移家湖北樊城余十三歲時侍先君至樊省視叔祖獨將生平所得於湘劉者悉以授余且語余曰欲澈底討論此學非求教連派之嫡系不可余謹誌之弱冠應童子試寓武寧城乃訪知錢子英夫子而師事焉追隨左右十餘年盡得趙氏遺傳反復尋繹較湘劉派更爲精確叔祖見背余來樊相墓遷延歲月樊中兄弟留居遂爲樊城人有清季世陽新劉君止安嘗踵余門願受業止安者原籍武寧即劉月泉之五世嫡孫呈閱遺傳心印同出一源甚相得也民國十七年以後止安屢來樊謁余余亦屢至止安家往返二千里交益篤止安爲余言年來與江浙同志講求地學均由王君邈達爲介余於是又因止安而獲知王君王君好學深思止安復出其連派精義

以與之印證研磨於是止安之學傳而王君之箸述彌富三十二年秋後叠接止安書並寄示王君新箸地理辨正揭隱凡五卷將付剞劂索序於余余維玄空之理本陰陽開闔平正通達之大道而先哲經義往往託諸神奇卽有傳註詮釋亦必隱約其旨謂天機不可洩露以致後人讀其書不得其訣無怪數千年來其學或以僞亂眞且新學家詆爲迷信而大道愈以不明也王君此書取雲間蔣子地理辨正之名而爲之揭其隱凡以前詞意如射覆如猜謎令人不得其訣者一一闡明無遺別開生面舉連派精義發揮而光大之數千年不宣之祕一旦瞭如指掌誠昏夜之明珠迷途之捷徑矣余曩歲亦曾著有堪輿源流說形氣合講論挨星於天星分別講解分上中下三篇計六册未及梓而爲洪流所沒晚年整理殘篇耗盡心血粗具眉目大道之行有志弗逮今旣嘉止安之能守薪傳又喜王君之公其術於天下俾人人得藉是鑰以升堂入室不獨吾道之幸抑於世道人心之救濟所關非細也是爲序

中華民國三十有三年歲在甲申孟春之月　武寧鄧玉芬蓮舫拜撰

地理辨正揭隱自序

蔣子大鴻集青囊經，青囊序，青囊奥語，天玉經，寶照經，成地理辨正，蓋其意，誠恐地學僞書盈車充棟，邪說横行，正理日湮，致流毒於無窮也，及閱其傳註，猶是抱天機不可洩漏之旨，以爲書可傳，而其訣决不可傳，不知能善讀其書得解其書中之意者，即其訣已寓於書之中，非書以外，另有其訣也，如不善讀其書，不解其書中之意者，則書是書，訣是訣，有若非得其訣，即不能讀其書也，余研究是書，已十載於茲，戀西湖形勝，寓居杭垣，丁丑事變，避地來滬，應診之餘，不忘夙好，滬上同志如沈聯芳陳叔平，均與相契於道，見余所箸仰觀俯察，旣洞悉玄空眞理，屬余註解地理辨正，將其隱辭一一揭明，公諸於世，庶幾標眞諦，闢僞說，以是醫人國族，較之一診活人，一方救命者，爲仁不尤溥耶，余故不辭譾陋，起草於己卯夏，脫稿於庚辰冬，字字依據玄空眞理，將前人書中隱祕，盡情揭明，纖悉無遺，書成命名曰地理辨正揭隱，質之沈陳二君，僉謂余之此作，直能抉箸書者之心以爲心，且能體集書者之意以爲意，無隱不顯，無祕不宣，不僅爲蔣子作解人，楊曾二公作功臣，洵濟世之寶筏也。余笑謝不敢承，然向來術士挾祕自矜，與作僞欺世之惡障，固期有以廓清之矣。

中華民國二十九年庚辰冬　若園王邈達序於滬上

地理辨正揭隱凡例

一、是書本雲間蔣大鴻，所集之地理辨正。用武寧趙連城，所傳之星卦口訣。以揭開其隱祕。故名地理辨正揭隱。

一、是書既名地理辨正揭隱。卽用其書中篇目。爲之分卷。以青囊經爲卷一。青囊序爲卷二青囊奧語爲卷三天玉經爲卷四都天寶照經爲卷五。共分五卷。

一、是書未及玄空原理者。因地理辨正中各篇。惟青囊經，始言天地，陰陽，奇耦，河洛，八卦，終於干支，六甲，五子，九宮，八門。餘則言排卦，挨星，堆運者居多。一經追索源流。反嫌節外生枝。

一、是書稱地理辨正揭隱。凡欲辨正。必先辟邪。乃未經辟邪。而僅及辨正者。曾恐近時邪說橫行。一經辟邪。反啓門戶之爭。故止將辨正之隱祕。一一揭明之。蓋因正道既明。其邪說，不待辟而自遠矣。

一、是書乃培植人種之要訣。因爲歷代帝王所禁斷。不敢昌言無忌。茲將其隱祕，一旦爲之揭明。未始非我國之鴻鈞大轉。而得强種强國之機會也。少年新進。實未嘗讀其書究其理得其訣而夢見其中之奧妙直斥之爲迷信。是亦妄人也而已矣。

一、是書所用通根。排卦，挨星，推運，各訣，胥從天地之原數而出。猶算學家之用九歸均可一一還原。

一、是書所用各訣。須分先後。先定坐山。再尋通根。而後排卦。既得卦位。又起挨星。星卦既合。更用推運。後學僅得一訣。而未知其全。固不可與語玄空。苟得其全而不知用法之先後。亦未可與言玄空。

一、是書爲孝子慈孫。欲妥先靈。恐被邪說所誤者而作。蔣姜師弟。雖有傳註。因嚴守天機不可泄漏之陋習。名曰辨正。實反滋邪。茲既得連城派之眞訣。再絞盡四十餘年之心血。一一揭開其隱祕。不僅存辨正之虛名。且可得辨正之實用也。

地理辨正揭隱

古剡王邈達箸
蕭然陳寅亮校

青囊經

此經,分上,中,下,三卷。上卷,古文,作堪輿篇。邱氏,作地理論。郭氏,作氣感篇。中卷,古文,作天官篇。邱氏,作天元金書符。郭氏,作神契篇。下卷古文作叢辰篇。邱,郭,二氏,未立篇名相傳,出自黃石公。赤松子述義。然亦無記載可考。第其下卷,有無極而太極也,之句。按自上古以迄秦漢。凡言天地陰陽,河圖,洛書,五行,八卦之學者。只有太極二字。從未有言無極者也。言無極者,自周子太極圖說始。蓋本易傳,易有太極,是生儀,以推闡之。而陳希夷居華山,已刋有太極圖。相傳希夷受之呂嵓,嵓受之鍾離權,權受之魏伯陽,伯陽闡其旨於河上公。則道家之說。其傳已久。故此經,雖非秦漢時人所作。因其能明於天地陰陽之故。亦是通儒之手筆。決非術士之所能爲。

蔣子大鴻，刪去傳述者之姓氏，與篇名。殆有深意歟。

上卷

此卷、言氣以成形。因形得數。分天地、陰陽、河圖、洛書、五行、八卦。爲生化萬物之原。而曰化始。

經曰，天尊地卑。陽奇陰耦。一六共宗。二七同道。三八作朋。四九爲友。五十同途。闔闢奇耦。五兆生成。流行終始。八體洪布。子母分施。天地定位。山澤通氣。雷風相薄。水火不相射。中五立極。臨制四方。背一面九。三七居旁。二八四六。縱橫紀綱。陽以相陰。陰以含陽。陽生於陰。柔生於剛。陰德洪濟。陽德順昌。是故陽本陰。陰育陽。天依形。地附氣。此之謂化始。

溯自太極中虛。淸陽升，而爲天。濁陰降，而爲地。經云天尊地卑。尊卑者，非貴賤得名。實上下攸分也。陽屬氣，而氣在形先。因其首出，故得數曰奇。陰屬形，而形居氣後。因其續成，故得數曰耦。經云，陽奇陰耦。奇耦者，雖先後有別。實匹配爲義也。天地之尊卑既判。陰陽之奇耦既定。然後天地陰陽，以五行化生萬物。悉可以數紀之。故稱一，三，五，七，九，爲天數，陽數，而曰奇。二，四，六，八，十，爲地數。陰數，而曰耦。且稱一，二，三，四，五，爲生數。六，七，八，九，十，爲成數。經云一六共宗。二七同道。三八作朋。四九爲友。五十同途。因一加五，得六。六去五，存一。二加五，得七。七去五，存二。三加五，得八。八去五，存三。四加五，得九。九去五，存四。五加五，得十。十去五，存五。五者土之生數也。以一，二，三，四，之生數各加以五。即得六，七，八，九，之成數。十者，土之成數也。亦由五加五而成。可見五行，非土不生。非土不成。故曰共宗，同道，作朋，爲友，同途也。經云闔闢奇耦。五兆生成。流行終始。即謂一奇六耦，在下。闔水之生成。二耦七奇，在上。闔火之生成。三奇八耦，在左。闔木之生成。四耦，九奇，在右。闔金之生成。五奇，十耦，居中闔土之生成。則河圖出矣。河圖，順生。起自下，而左，而上，而中，而右。又自右而下。故一六水生三八木。木，生二七火。火，生五十土。土，生四九金。金，又生水。循環而不息者也。更闢一，三，七，九，之奇數於四正。二，四，六，八，之耦數，於四維。而以五入中。則洛書出矣。洛書，逆尅。起自北，而西，而南，而東，而中。又自中，而北。故北，與西北，之一六水。尅西，與西南，之七二火。火，尅南，與東南，之九四金。金，尅東與東北，之三八木。木，尅中五土。土，又尅水。亦循環而無已者也。五兆者，五行之朕兆也。因五行，由河圖之順生，洛書之逆尅。以一順一逆之理。流行而爲一生一成之氣。環周於八方。若有終，其實無終。若有始，其實無始。故曰闔闢奇耦，五兆生成，流行終始。經云，八體洪布，子母分施，即由河圖之奇耦，闔而爲四象。四象者太陰太陽少陰少陽也。洛書之奇耦，闢而爲八體。八體者，天地雷風水火山澤也。復由八體而洪布於四正四維，以化生萬物。是則陰陽爲四象之母。四象爲五行之母。五行生八體，則五行既爲四象之子。又爲八體之母。其八體各相遞嬗，以分施之。則八體既爲五行之子。又爲萬物之母矣。故曰八體洪布，子母分施。經云天地定位。山澤通氣。雷風相薄。水火不相射。即聖人則河圖之四象。以四象各析爲二。畫成八卦。故得上乾，下坤，曰天地定位。右下艮，左上兌，曰山澤通氣。左下震，右上巽，曰雷風相薄，左離，右坎，曰水火不相射。經云中五立極。臨制四方。背一面九。三七居旁。二八四六。縱橫紀綱。即先天變後天。由立極之中五。作軸心之旋轉。始得陰升陽降，而乾坤交媾矣。軸心一轉。其四周之如輪廓者。皆受其臨制，而生變易。故北之先天坤變一坎，南之先天乾變九離。東之先天離變三震。西之先天坎變七兌。因四正屬陽，其數奇。故一爻變。四正，以南北主中樞。故中爻變。即坤之中爻變陽而為坎。乾之中爻變陰而為離也。東西主升降。升，則上爻變。降，則下爻變。即離之上爻變陰而為震。坎之下爻變陽而為兌也。至二，八，四，六，之在四維。介於四正之間。而為南北東西，一縱一橫，作紀綱者。因四維屬陰，其數耦。故兩爻變。以二坤居西南。即由巽之中，上兩爻陽變陰也。四巽居東南。即由兌之下爻，陽變陰。上爻陰變陽也。六乾居西北。即由艮之下，中兩爻陰變陽也。八艮居東北。即由震之下爻，陽變陰。上爻，陰變陽也。故曰中五立極。臨制四方。背一面九。三七居旁。二八四六。縱橫紀綱。經云陽以相陰。陰以含陽。陽生於陰。柔生於剛。陰德洪濟。陽德順昌。卽謂陽中之陰，乃是眞陰。陰中之陽，乃是眞陽。因陰在內，須陽在外以相之。陽在內，須陰在外以含之。故曰陽以相陰，陰以含陽。陽中既有眞陰。陰中，既有眞陽。始由陽，以成陰者。繼由陰，以生陽。故曰陽生於陰。凡氣，以陽爲剛。以陰爲柔。凡形，以陰爲剛。以陽爲柔。始由氣，以成形者。繼由形，以生氣。故曰柔生於剛。然則陽之能相。陰之能含。陰能生陽。剛能生柔。其所以能相，能含，能生生者。須本陰之與陽。各自有其德者，在也。因陰之德，能洪大其陽之施濟。陽之德，能順就其陰之繁昌，卽陰陽合德而生生不息矣。故曰陰德洪濟。陽德順昌。經云是故陽本陰。陰育陽。天依形。地附氣。此之謂化始。卽總結上文而言無形之先。陰根於陽。以陽生陰也。有形之後。陽根於陰。以陰生陽也。故曰陽本陰。陰育陽。實陰陽之互爲其根本交相爲生育者也。天屬氣，地屬形。形非氣，不能生物。氣非形，不能成物。形氣相依附。卽天地相生成也。故曰天依形。地附氣。陰陽互爲根本。形氣兩相依附。卽是生天，生地，生萬物，悉由此而始。故曰此之謂化始。

中卷

此卷，合天，地，人，而言五星，五行，五德。有自然相應之理。且其應也，速於機之在彀。而曰化機。

經曰，天有五星。地有五行。天分星宿。地列山川。氣行於地。形麗於天。因形察氣。以立人紀。紫微天樞。太乙之御。君臨四正。南面而治。天市春宮。少微西掖。太微南垣。旁照四極。四七爲經。五德爲緯。運斡坤輿。光垂乾紀。七政樞機。流通終始。地德上載。天光下臨。陰用陽朝。陽用陰應。陰陽相見。福祿永貞。陰陽相乘。禍咎踵門。天之所臨。地之所盛。形止氣蓄。萬物化生。氣感而應。鬼福及人。是故天有象。地有形。上下相須而成一體。此之謂化機。

經云天有五星。地有五行。天星之衆多。不知其凡幾。何以僅有五星。地形之變幻。不可以象求。何以僅有五行。因五星，得五氣之正。五形，得五行之正。猶人之五常，得五德之正也。故曰天有五星。地有五行。經云天分星宿。地列山川。星，卽行星也。宿，卽列宿也。行星，由軌道流行，而不息。列宿，在方位列坐，而不動。山，亦峙而不動。川，亦流而不息者也。是則山川非星宿，而常同情於星宿。星宿非山川，而常同情於山川。故曰天分星宿。地列山川。經云氣行於地。形麗於天。因形察氣。以立人紀。氣，卽五行之氣。形，卽五星之形。地，本有形而無氣。得五行之氣行於地。而地之紀以立。天，本有氣而無形。得五星之形麗於天。而天之紀以立。人生於天地之間。能因天上五形之秉賦。更察地下五氣之鍾聚。則人之紀，亦從此而立矣。故曰氣行於地。形麗於天。因形察氣。以立人紀。經云紫微天樞太乙之御。君臨四正南面而治。天市春宮。少微西掖。太微南垣。旁照四極。卽承上文。而言形之麗於天者。可分作四垣。惟紫微垣爲最貴。因紫微一星。位居正北。以握其天樞。前有太乙。以聽其駕御。譬如人君正南面而立。以治天下也。故曰紫微天樞。太乙之御。君臨四正。南面而治。東垣八星，卽名天市。因天市有四門。位列於東方。以應四時之春。故曰天市春宮。西垣七星，卽名少微。因少微纏遍於西方。有扶掖西成之義。故曰少微西掖。方正之垣，號曰太微。位居正南，可與紫微相對待。故曰太微南垣。有此四垣。其光，即被於四表。故曰旁照四極。經云四七爲經。五德爲緯。運斡坤輿。光垂乾紀。七政樞機。流通終始。四七，即四方。各有七宿。經者，恆常也。角，亢，氐，房，心，尾，箕，爲蒼龍七宿。首南尾北。常居東方。井，鬼，柳，星，張，翼，軫，爲朱雀七宿。首東尾西。常居南方。奎，婁，胃，昴，畢，觜，參，爲白虎七宿。首南尾北。常居西方。斗，牛，女，虛，危，室，壁，爲玄武七宿。首東尾西。常居北方。因其恆居常位，故稱爲經。而曰四七爲經。五德，即五大行星。緯者，往來也。木，爲歲星，見於東方。於時爲春。其德爲仁。火，爲熒惑。見於南方。於時爲夏。其德爲禮。土，爲鎮星，見於中央。於時爲季夏。其德爲信。金，爲太白。見於西方。於時爲秋。其德爲義。水，爲辰星，見於北方。於時爲冬。其德爲智。因其應時往來，故稱爲緯。而曰五德爲緯。坤輿，即地軸也。乾紀，即天象也。七政，即五星與日月也。地軸之運轉斡旋者，即以迎天象也。天象之精光下垂者，即以合地軸也。其所以能迎能合，有條而不紊者。因五星與日月。周流於六虛。交通於八荒。始而終，終而始。無時而或息。其七宿之各居於一方者，亦以七政應之。故角，斗，奎，井，應歲星，而爲木。尾，室，觜，翼，應熒惑而爲火。亢，牛，婁，鬼，應太白而爲金。箕，壁，參，軫，應辰星，而爲水。氐，女，胃，柳，應鎭星，而爲土。房，虛，昴，星，以應日。心，危，畢，張，以應月。雖四方各有七政。而其樞機乃握在五星與日月。故曰運斡坤輿光垂乾紀。七政樞機。流通終始。經云地德上載。天光下臨。陰用陽朝。陽用陰應。陰陽相見。福祿永貞，陰陽相乘。禍咎踵門。地德，即地中之生氣也。天光，即天上之星光也。地氣得天光之吸引。而其德始能上載。天光得地氣之翕受而其光，常自下臨。是則天之與地。有息息相通，時時相感之理。故曰地德上載。天光下臨。陰陽，即天地，與形氣也。形屬陰，若所朝非陽。即塊然而不靈。氣屬陽，若所應非陰。即流散而無宗。故曰陰用陽朝。陽用陰應。陰陽旣相朝應。即得陰陽交泰。而自然興旺。故曰陰陽相見。福祿永貞。陰陽不相朝應。即爲陰陽孤獨。而自然衰敗。故曰陰陽相乘。禍咎踵門。經云天之所臨。地之所盛。即謂天因氣以成形。地因形以聚氣。第天之氣無形可見。須覩其地之形，能盛此氣者。然後知其氣之所臨。故曰天之所臨。地之所盛。經云形止氣蓄萬物化生。因形旣成於氣則氣爲形之主。而氣行，形亦行。氣止，形亦止。欲知其氣之所蓄但觀其形之所止。始則由氣止，而其形亦止。繼則由形止，而其氣始蓄。是則氣中有形。氣即資形，以嬗其化。形中有氣。形即藉氣，以滋其生。而化生萬物矣。故曰形止氣蓄萬物化生。經云氣感而應。鬼福及人。氣，即天氣與地氣也。天地之氣。本屬一貫。然須地得其所，而後天氣歸之。則天氣與地氣，始能兩相感應。魂魄離，而爲鬼魂魄合而爲人。遺骸，即魄也。魄得安於山川聚氣之處。即魂得寄於星宿所纏之宮。山川與星宿，旣得合爲一氣。即所安之魄，所寄之魂，亦得合爲一氣。子孫之形骸，由祖宗所遺留者也。祖宗之魂魄旣得與山川星宿之氣相合一。即其子孫之軀體，亦得由祖宗遺骸所受之氣，與天地相合一。而康彊逢吉富貴壽昌矣。故曰氣感而應。鬼福及人。經云是故天有象。地有形。上下相須。而成一體。此之謂化機。即總結上文，而言天有五星，以垂其象。地有五行，以成其形。故曰天有象。地有形。天以五星之晶光，下臨於地。而地下之山川，即上感於五星之光，以成五行之形。是則上天，與下地，實相須而爲用。合成而爲一者也。故曰上下相須。合成一體。上下既成一體，即天地合爲一氣。而地理之道，亦即在因形察氣。先於有形可見之地。測無形可見之天。再於無形可見之天。合有形可見之地。若能於地，而五形得其正。於天，而五氣得其正。即於人，能五德具其全。五常得其敍矣。是故得氣之高厚者。產聖賢仙佛。巖整者，產忠孝節義。秀麗者，產文人學士。濃鬱者，產王侯將相。反之，則忤逆也。盜賊也。奸邪也。卑汚也。甚而至於絕滅也。嗟乎，天蒼蒼兮地茫茫。氓之蚩蚩。而不知天地鬼神有一氣相感應之妙。且其感應之準速。有如影之隨形。機之在彀也。故曰此之謂化機。

下卷

此卷，言人欲求天地之形氣相交。可從五行，八卦，干支，以推測之。合三才爲一貫。而曰化成。

經曰，無極而太極也。理寓於氣。氣囿於形。日月星宿。剛氣上騰。山川草木。柔氣下凝。資陽以昌。用陰以成。陽德有象。陰德有位。地有四勢。氣從八方。外氣行形。內氣止生。乘風則散。界水則止。是故順五兆。用八卦。排六甲。布八門。推五運。定六氣。明地德。立人道。因變化。原終始。此之謂化成。

太極者，太即至尊無上之稱。極即無以復加之謂。經云無極而太極也。非謂太極之前，先有一無極。太極之上，更加一無極。故曰無極而太極也。經云理寓於氣。氣囿於形。氣即太極中混沌之氣。有氣，即有動靜之理。有動靜，即有升降之理。有升降，即有清者升而爲氣。濁者降而成形，之理。形既由氣而成。形中本有氣也。始則由氣，以成其形。繼即藉形，以囿此氣。故曰理寓於氣。氣囿於形。經云日月星宿。剛氣上騰。山川草木。柔氣下凝。日月星宿，爲陽精所結。氣中之有形者也。山川草木，由陰液所成。形中之有氣者也。氣，以陽爲剛。以陰爲柔。陽剛之氣上騰。其麗於中天者，則有日月星宿。陰柔之氣下凝。其列於大地者，則有山川草木。故曰日月星宿。剛氣上騰。山川草木柔氣下凝。經云資陽以昌用陰以成。即謂萬物之所以繁昌者。須資始於陽氣之能生萬物之所以成就者須用終於陰氣之能成。故曰資陽以昌用陰以成。經云陽德有象陰德有位。此即言地理入用之法。然地理之道。亦不外資陽以昌用陰以成。第其所以能昌，所以能成者。又在陽之與陰，各自有其德。而其德，何在。欲明陽德，可從天象以徵之。欲明陰德，可從地位以求之。故曰陽德有象陰德有位。經云地有四勢氣從八方。地，即地形也。因地形有高峻，卑下，橫展，直達之四勢。故曰地有四勢。氣，即天氣也。因天氣從四正四維，周流而不息。故曰氣從八方。經云外氣行形。內氣止生。外氣，即天氣也。行形，即地形中有一高一下，一橫一直作行動之勢者。實由於外來之天氣，吸引以致之，故曰外氣行形。內氣，即地氣也。止生，即生氣行乎地中，發而見於形巒所稱爲祖宗父母，以及胎息孕育，而終止於化生腦。故曰內氣止生。經云乘風則散界水則止。即謂凡氣之聚散無憑。惟天空之風。可證明其氣之聚散也。普天之下，何處無風。但觀其形局之環抱者。卽藏風而氣聚。遇缺陷者。卽乘風而氣散。故曰乘風則散。凡氣之行止無定。惟地面之水。可證明其氣之行止也。大地之上，何處無水。但觀其川流之分奔者。卽水逝而氣行。得會合者。卽水界而氣止。故曰界水則止。經云。是故順五兆。用八卦。排六甲。布八門。推五運。定六氣。明地德。立人道。因變化。原終始。此之謂化成。卽總括上，中，下，三卷。而言地理實用之法。先須順從五兆之相生。因天有五星。地有五行。可仰觀俯察。以明其象之與形，或正而或變。故曰順五兆。次須用先天之卦位。明其乾坤，爲天地定位。艮兌，爲山澤通氣。震巽，爲雷風相薄。坎離，爲水火不相射。以合先天四大之局。用後天之卦氣。以明其一六。與四九。爲太陰太陽相配。得金水之生成。三八，與二七。爲少陽，少陰相配，得木火之生成。以合後天四大之局。故曰用八卦。至時運之往來。須從干支以推之。天干首甲。地支，起子。甲子，甲戌，二紀，爲上元。甲申，甲午。二紀。爲中元。甲辰，甲寅，二紀，爲下元。以明其地位，與天時。或得而或失。因每元分爲二紀。三元，乃得六甲。

故曰排六甲。至風之出入。水之來去。須由城門以定之。故水從何方而來者，卽風從何方而出。水從何方而去者，卽風從何方而入。因四正，四維，各有一城門。非分而布之。無由明其水之來去風之出入，爲吉而爲凶。故曰布八門。五運，卽天干之十。各有其合而爲五行之運化。如甲己合化，而爲土運。乙庚合化而爲金運。丙辛合化而爲水運。丁壬合化，而爲木運。戊癸合化，而爲火運。因其有合化之理。卽可明其五運，各有五行之所屬。故曰推五運。六氣，卽十二支，各相對待。如子午，少陰君火。丑未太陰濕土，寅申少陽相火，卯酉陽明燥金，辰戌太陽寒水。巳亥厥陰風木。以明六氣之司天，在泉者。各有其定位。故曰定六氣。地德卽地氣也。生氣行乎地中發而生爲萬物。卽地氣中具有生生之德。欲知其地德之所在。須從氣以成形之處，而察之。其地德自明。故曰明地德。人道，卽正道也。人在地之上，天之下。不能與天地之氣，一息相離。人生之軀體。由祖宗所遺。人生之性靈。實二氣所鍾。天地本無私。祖宗乃有主。若祖宗之遺骸。能得天地之正氣者。

則其子孫之性靈。亦得由正道而爲正人矣。故曰立人道。變化者，卽形，無定形。氣，無常氣。而工，有全工也。如地得其所。則遠者，能邇。卑者，能高。頑者，能秀。醜者，能美。此地形之變化也。天得其時。則老者，轉嫩。枯者，轉潤。涸者，轉流。缺者，轉完。此天氣之變化也。若人能於形之無定者。而覓得其所。於氣之無常者，而測得其時。卽爲目力之巧。工力之全也。故曰因變化。終始者，卽形爲氣之終。氣爲形之始。然其間，由太極中虛。分陰分陽。而天而地。以及五行，八卦天干地支。藉作因形察氣。要終原始之規範。然後知萬物中，物物各有一太極也。故曰原終始。學地理者，能將上述諸法。一一明其理，而善用之。卽地理之道，由此而成。合天地人爲一貫之學。亦由此而成也。故曰此之謂化成。

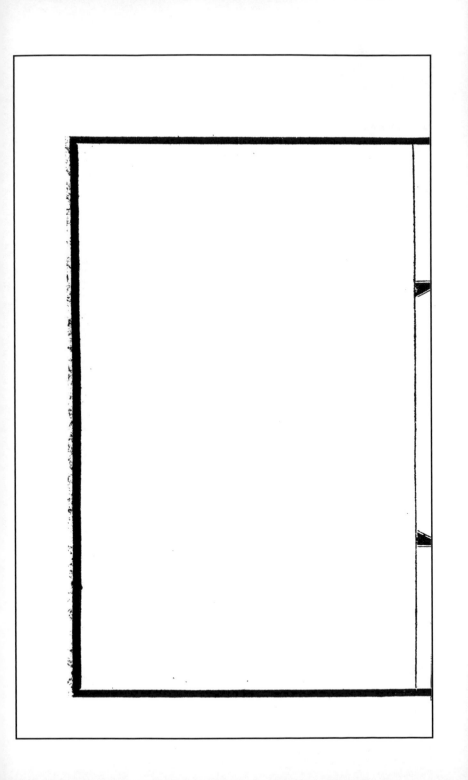

地理辨正揭隱

古剡王邈達箸
蕭然陳寅亮校

青囊序　唐曾文辿公安箸

題曰青囊序。而其文體實是歌訣。然青囊序，不見箸錄。惟鄭樵通志，藝文略別載。有曾氏青囊子歌一卷。殆卽此歟。因箸者同，文體同，而其卷數亦同也。曾文辿號公安，江西雩都縣，崇賢里人。爲楊筠松入室弟子。凡天文讖緯，黃庭內景諸書，靡不根究。尤精地理。此序係得楊公眞傳後所作。惜其辭多隱謎。讀者終不得其解。余從管窺所及。不敢自私。悉揭明之。

楊公養老看雌雄。

此曾公安傳述其師楊筠松，所授地理要訣。合理氣，與形巒，而言之。其開卷，卽曰楊公養老看雌雄。楊公者，曾氏尊稱其師也。養老者養，係生，與少。老係成，與太之隱辭。卽河圖之天地生成。洛書之陰陽太少也。雌雄者，係配合，與交媾，之隱辭。卽形以見氣也。雌爲陰，而何嘗無陽。雄爲陽，而何嘗無陰。惟稱雌雄，則形氣兼該矣。楊公本河洛，生成，太少之理。以看形氣之可配合，能交媾與否。故曰楊公養老看雌雄。

天下諸書對不同。

諸書者，係品物孳生。無不類如，之隱辭。非書籍，之書也。說文，書，訓孳。又訓如。言天下諸山諸水。生來本相類如。譬如人形。人人同具此耳目口鼻。而其貌，又人人不同。且有雌雄，以分男女之不同。故曰天下諸書對不同。卽謂普天下之山川狀態。無不相如而以形巒言，有行，立，坐，臥之不同。以理氣言，有方位，時令之不同。且同一行立坐臥。與方位時令，倘一一對之。亦未有或同者。况更有雌雄，之大不同乎。若僅隨字面作解，而曰天下言地理諸書與楊公所箸者，對之不同。明達如曾公安，斷不出此鄙陋之辭。

先看金龍動不動。

金龍者，係形完氣足。神化不測，之隱辭。以狀山水之形勢。取之以爲名稱者也。五行中，得形完氣足者，莫如金。動物中，能神化不測者，莫如龍。故稱山水之形完氣足，神化不測者，名曰金龍。動不動，係當令與不當令之隱辭。金龍，以形巒言。動不動，以理氣言。山水之形巒，既得稱爲金龍。須先看其當令不當令。而用之舍之。故曰先看金龍動不動。

次察血脈認來龍。

血脈者，係血統與脈絡之隱辭。卽山，有山之起祖。水，有水之發源。此形巒之血脈也。山上排卦，有通根之父母。水裏排卦，亦有通根之父母。此理氣之血脈也。不知其血脈，卽不明其來龍之本源。以定其眞僞與貴賤。故曰次察血脈認來龍。

龍分兩片陰陽取。

兩片者，卽一虛一實。一形，一氣。大而言之，卽天一片。地一片。小而言之，卽山一片。水一片。此形巒之兩片也。以理氣言，卽陰龍不可兼陽，爲陰一片。陽龍不可兼陰，爲陽一片。以免陽差陰錯之誤。故曰龍分兩片陰陽取。卽取其龍脈之純一，而不雜也。

水對三叉細認蹤。

此水，非水龍之水。乃界水之水。即高處爲山，低處爲水，之水也。三叉，即兩水相交。成爲三叉形。水自左來，右來，而交於前。左去，右去，而交於後。前來，後來，而交於右。前去後去而交於左。兩來一交。即成三叉。言水之會合而去者也。細認蹤，即詳細認明其水之來源以與坐山相合之用。因理氣，有來水要合坐。去水要合向之兩法。故曰水對三叉細認蹤。對，即向也。三叉，即兩水一交而去爲去水。須與向首相合。蹤，即水之來源爲來水。須與坐山相合，之謂也。

江南龍來江北望。江西龍去望江東。

江，即水也。龍，即山也。山能引氣，而氣至。水能界氣，而氣止。此形巒之定理也。若言理氣則氣從對面來。實形在南。其空氣必在北。實形在西其空氣必在東。亦可云江北龍去江南望。江東龍來望江西。即舉東南西北之四正。而四維可隅反矣。故曰江南龍來江北望。江西龍去望江東。

是以聖人卜河洛。瀍澗二水交華嵩。相其陰陽觀流泉。卜年卜世宅都宮。

此引周公卜洛。公劉遷豳事之見於經史者。以證明地理學之由來已古。且證明山水相交。陰陽相配。時運相當。爲地理學之三大綱領。故曰是以聖人卜河洛，卽周公卜居洛邑。雖以華嵩之山嵊爲憑，而尤藉瀍澗二水相交，以界之也。公劉遷豳，見於詩經。詩云。相其陰陽觀其流泉。亦先覓得山水陰陽，相交相配者，以遷之也。卜年卜世宅都宮。卽卜其地之何時當令。而可作宅，建都，爲宮也。

晉世景純傳此術。演經立義出玄空。朱雀發源生旺氣。一一講解開愚蒙。

此言地理學，雖發明於商周之際，尚未見有專書。至晉時，郭璞，號景純者。傳其師郭琦之術。以布演天星。立定地位。合天經，與地義。而爲玄空之學，始得玄空學術，從此而出。故曰晉世景純傳此術，演經立義出玄空。朱雀與發源者，係南離，與北坎之隱辭。因南爲朱雀。北爲水源也。按坎離二卦。

在天爲日月。在地爲水火。日月照臨。水火交蒸。而生旺之氣，自至矣。故曰朱雀發源生旺氣。愚蒙者。因當時之言地理者。已有拘凝形巒，不顧理氣。或空談理氣，不顧形巒，之兩失。尚屬愚蒙未開。得景純之演經立義。出此玄空學術。而玄空學中。又重在日月，與水火。所發生之旺氣。故郭璞箸葬經。首言乘氣。次及山脈，水路。向首。與下葬之時期。一一講明而詳說之。則愚蒙始開矣。故曰一一講解開愚蒙。

一生二兮二生三。三生萬物是玄關。

此引老子道德經，以明水火交蒸之氣。始能化生萬物。一陽，生二陰。陰，再生陽。陽又生陰。方得生生不息。一。卽天一生水之一。二、卽地二生火之二。水火雖已有形，而尙屬乎氣。至天三生木。始形氣參半矣。地四生金。則形完氣足矣。推而及於萬物。無不皆然。獨於地理學，尤所不能偏廢。能知形氣兼該。則地理學之玄妙關鍵，盡在於此。故曰一生二兮二生三。三生萬物是玄關。

山管山兮水管水。此是陰陽不待言。

艮山生於離火，而屬陰。坎水成於兌金，而屬陽。此先天之卦理也。言理氣者，卽以山爲陰。故山上排卦，用陰順而陽逆。以水爲陽。故水裏排卦，用陽順而陰逆。因同我者，爲順。背我者，爲逆也。故曰山管山兮水管水。此是陰陽不待言。卽山爲陰，水爲陽，固不待言。亦卽山要水交。水要山護。非僅山陰水陽之不待言。而山水要交護，始得陰陽相配合，亦不待言也。

識得陰陽玄妙理。知其衰旺生與死。不問坐山與來水。但逢死氣皆無取。

此言陰陽玄妙之理。不僅在一山一水。須得理氣中，可配合，能交媾，且當令者。爲生爲旺。否則皆爲衰死矣。故曰識得陰陽玄妙理。知其衰旺生與死。卽謂既識得山水形巒之陰陽，有玄妙之理。又須知其衰旺生與死之理。要從排卦，與挨星，以推之。坐山，爲山之主。來水，爲水之主。主山主水，若逢死氣。卽無所取。故曰不問坐山與來水。但逢死氣皆無取。主山，主水，既無所取。其向首與去水之居客位者。更不必問矣。

先天羅經十二支。後天再用干與維。八干四維輔支位。子母公孫同此推。

理氣，既待挨排而挨排理氣，須用羅經。羅經者非言羅盤之經也。因理氣，重四正四維。故稱四維曰羅。四正曰經。以名羅經。先後天者，非八卦之先後天也。係一體一用之隱辭。羅經所重者在時與位。惟十二支既得時。又得位。適可爲羅經之先天。故曰先天羅經十二支。其體既立而其用有以行。所以更取十干，以戊己歸中而用其八。八卦，用乾坤艮巽之四維。亦合成十二字以輔其支位而爲用。故曰後天再用干與維。八干四維輔支位。子母，與公孫者，係順生與逆尅之隱辭。卽河圖順生自右生左洛書逆尅。自左尅右說已見青囊經上卷註中。因理氣中，如逢順排。雖我生者不爲衰泄。亦名食神。如逢逆排。雖尅我者。亦名奴星。不爲尅賊。故曰子母公孫同此推。推字須重看。卽河圖喜順生須順推。洛書喜逆尅須逆推之謂也。

按五行中水、爲木之母。木爲水之子。故稱子母。水、爲火之公。火、爲水之孫。故稱公孫。餘可類推。

二十四山分順逆。共成四十有八局。五行卽在此中分。祖宗却從陰陽出。

二十四山，卽上文羅經之二十四字。分順逆，卽上文之子母公孫也。以羅經之二十四字，分爲一順一逆。卽成四十八局。故曰二十四山分順逆，共成四十有八局。按第二句見明初心傳本作四十八演現虛實。較今本爲有意義。以二十四山，每山分一順一逆。布而演之。卽得一坐一向，一山一水。其形實，氣虛，之理，可畢現矣。故曰四十八演現虛實。較今本，爲有意義。五行二字，內含有一生一尅之意。謂五行之生尅。卽在布演中分吉凶。故曰五行，卽在此中分。祖宗者，卽上文之血脈也。以形巒言爲山水之本源。以理氣言爲通根之父母。形巒，欲其陰陽分明。理氣，欲其陰陽配合。倘龍脈之陰陽不分淸。卽犯陰陽差錯之戒。理氣之陰陽不交媾。卽犯陰陽相乘之戒。故曰祖宗却從陰陽出。卽謂非陰陽之外，別有祖宗。亦卽上文所云龍分兩片陰陽取之意也。

陽從左邊團團轉。陰從右路轉相通。有人識得陰陽者。何愁大地不相逢。

首次二句，之一陽一陰。係天地之大陰陽。故陽從左轉。陰從右通。卽天氣順行。地形逆承，之謂也。團團轉轉相通。卽從羅經之二十四字團轉排之。非依九宮流行之序也。第三句之陰陽二字。內含有山水順逆之不同。爲玄空學排卦之第一要訣，山上排卦，用陰順而陽逆。水裏，用陽順而陰逆。有人識得陰陽者，卽謂有人識得山上，與水裏。其排卦法，又有陰陽順逆之不同。方可下卦，排卦定卦，以卜其地之眞僞。與貴賤。故曰有人識得陰陽者。何愁大地不相逢。非僅識得陽左陰右。而未識得山水中，又有排卦法。陰陽順逆之不同。卽可稱爲識得陰陽者，者也

陽山陽向水流陽，執定此說甚荒唐。陰山陰向水流陰。笑煞拘凝，都一般。

此言山向水。曾有專取純陽或專取純陰者。名宗廟法。見王禕青巖叢錄。今日所謂淨陰淨陽者，是其流裔。要知純陰純陽，卽孤陽不生。孤陰不長。故斥其說，甚荒唐。又笑其法，爲拘凝也。夫天地之生物。必須陰陽配合，雌雄交媾。時運當令。始得生生不息。形巒，猶地土也。理氣，猶天時也。遺骸猶

種子也。焉有種子，不合土宜。不得時令。而能發生萌芽，開花結果者乎。故曰執定此說甚荒唐。又曰笑煞拘凝都一般。重言以申斥之也。

若能勘破個中理。妙用本來同一體。陰陽相見兩爲難。一山一水何足言。

個中理，三字。包含玄空一切法而言。然法雖萬殊。而理惟一致。妙用，卽法也。一體，卽理也。故曰若能勘破個中理。妙用本來同一體。卽謂用法之妙。雖屬多端。其個中之理。仍歸一體也。陰陽相見兩爲難。卽上文識得陰陽者之陰陽。一山一水何足言。卽斥上文陽山陽向陽水，陰山陰向陰水之僞法。故曰兩爲難。何足言也。陰陽相見。亦分兩法。以形巒言，卽青囊經所云，陰用陽朝。陽用陰應。疑龍經所云，正穴當陽必有將。以及向內有如雞見蛇之意也。以理氣言。卽玄空排卦法中。陰通根於陽。陽通根於陰。陰陽互根。始得謂陰陽相見。兩爲難者，卽蔣氏大鴻所謂，難知難能。入於微妙之域也。更以三，四，兩句。合言之。卽青囊經所云，陰陽相見。福祿永貞。陰陽相乘。禍咎踵門，之意也。

二十四山雙雙起。少有時師通此義。五行分布二十四。時師此訣何曾記。

雙雙起者，非雙山雙向。亦非山外有山。水外有水也。起者，起卦起星也。山上有山上之起卦。水裏有水裏之起卦。此排卦之雙雙起也。若言挨星，有有水朝迎之起星法，有無水朝迎之起星法。故曰二十四山雙雙起。此種雙雙起之法，在曾公安當時之地師。亦少有通此義者。故曰少有時師通此義。能通此義者，始能知五行之生尅。悉分布於二十四字。以爲收山收水，出煞之用。因玄空學中有父母通根訣，有山水排卦訣，有山水挨星訣。其當時之地師或未通此訣。或知此訣而不牢記之。故又曰時師此訣何曾記。

山上龍神不下水。水裏龍神不上山。用此量山與步水。百里江山一晌間。

龍神，指當令之龍。言朱子所謂氣至而申者，謂之神。理亦相通。時至，氣得。則龍有神矣。山上有山上之龍神。水裏有水裏之龍神。同此二十四字。於山上排卦，而得令者。卽謂山上龍神。於水裏排卦，而得令者。卽謂水裏龍神。且同此一字也。在山上，爲得神。在水裏，反爲失神。在水裏，爲得神。在山上，反爲失神，故曰山上龍神不下水。水裏龍神不上山。能知得神之一法。用以量山步水，自無差誤。其法維何。即在一晌之間。晌者向陽也。故晌字從日從向。卽向陽花木易爲春之意。雖百里江山，而不得一晌。卽無神無氣。焉能禍我福我哉。故更曰百里江山一晌間。卽云江山雖廣大。其生旺，衰死。全在一晌之間，分之得晌，則生旺。失晌，卽衰死矣。

更有淨陰淨陽法。前後八尺不宜雜。斜正受來陰陽取。氣乘生旺方無煞。來龍起頂須要知。三節四節不須拘。只要龍神得生旺。陰陽却與穴中殊。

此言龍蝂之到頭八尺。須用淨陰淨陽。然非上文之陽山陽水，陰山陰水，之淨陰淨陽也。故曰更有淨陰淨陽法。前後八尺不宜雜。明明言此法，祗用於到頭八尺。非一概可用也。例如子癸可兼。癸丑亦可兼。而壬與子，卽不可兼。因子癸，癸丑，皆陰也。若一兼壬而壬爲陽。卽犯陰陽差錯矣。斜正受來陰陽取，斜旁爻也。正，正卦也。龍蝂或從旁爻來。或從正卦來。須先看其陰陽之純，雜。以取舍之。卽不管其或斜，或正。但要陰陽不雜，之謂也。氣乘生旺方無煞。生旺二字，須從排卦得之。例如子癸，午丁，卯乙，酉辛，均是純陰。且排卦，又合生旺。癸丑僅於山坐可兼丁未僅於向水可兼。乙辰，與辛戌，雖屬純陰。於排卦不合。卽爲煞而不可兼矣。故又曰氣乘生旺方無煞。來龍起頂，卽少祖山，與父母山，及化生腦。須要知，卽須要知其陰陽之純一不雜。其節數之多少，所不計也。故又曰三節四節不須拘。卽云能得一二節之龍蜿清眞。便已成地。不必拘定要三節四節也。只要龍神得生旺。卽云只要有一二節得生旺之龍。又能與排卦合法者。便是龍神得生旺。至穴中之陰陽。又與來龍之須淨陰淨陽者，不同。因立穴一法。爲地理中，最主要之點。須後與龍合。前與向合。左右與砂水合。萬不可拘定淨陰淨陽。以犯陰陽相乘之戒。必須陰陽相見，而後可也。故又曰陰陽却與穴中殊。卽云立穴之陰陽。與龍蜿之陰陽。切不可併爲一談也。

天上星辰如織羅。水交三八要相過。水發城門須要會。却如湖裏雁交鵝。

此節，首次二句，一言星。一言水。三句，言水所來去出入之城門。四句，以雁之飛於天者，喻星。鵝之游於湖者，喻水。更於山上排卦外。另立排水，與挨星兩法。因天上之星，與地面之水，皆流行無定。且皆能放光，得兩相吸引，故也。天上星辰如織羅。謂天上衆星，有經有緯，如織羅也。水交三八要相過。三八，二十四，謂二十四山。每山有兩水相交，其山得水交乃止。其水，反在一交之後相過而去矣。水發城門須要會。城門，爲水來水去，水出水入，之所。水之來去出入，固不一。故其城門，亦不一。須要一來一去，一出一入。與形巒要相會，與理氣，亦要相會也。卻如湖裏雁交鵝。即云非僅地面之水，其來去出入，須要會。而在天上旋轉之星辰，亦要與地面流行之水神，相交。故又曰卻如湖裏雁交鵝。按七星中懸象著明，莫大乎日月。天上之日月，一升一降。其地面之水，即發現一潮一汐。於此，可證明天上之星光，與地面之水光，有兩吸引之理。亦可證明除日月外之五星，亦能吸引地氣以起變化。可徵驗其地理之有生旺衰死也。後有賢智，能將天文學與地質學，合而研究之。卽可融哲學，與科學，爲一爐矣。余曰望之。

富貴貧賤在水神。水是山家血蜦精。山靜水動晝夜定。水主財祿山人丁。

此節中言上文水神之要。更有甚於星辰者也。因水與山，貼身而近。星與山，離體而遠。且水與山有陰陽配合。雌雄交媾之妙，而星與山。不過占驗其得令不得令。故中言之曰，富貴貧賤在水神。因水是山家血蜦之精也。下二句，雖山水並重。而側重在山。倘無人丁。財祿，何所用之。倘有人丁，而無財祿。亦貧賤矣。動靜，晝夜，四字。係仁智，與日，月，之隱辭。蓋因鍾毓仁智之人。原在山水之動靜。然仁智之人。未必富貴。故曰山靜水動晝夜定。卽云既得山靜，水動，而產人仁智矣。其富貴與否。又須日月二曜，以爲徵應也。水主財祿山人丁。不過分言其所主之不同。益見山之與水。不可偏重也。

乾坤艮巽號御街。四大尊神在內排。生尅須憑五行布。要識天機玄妙處。乾坤艮巽水流長。吉神先入富豪家。

乾坤艮巽，在羅經。原屬四維。而此節之所謂乾坤艮巽，係排卦所得之乾坤艮巽。非羅經上所原定之乾坤艮巽也。卽水裏排卦午到乾。卯到坤。酉到艮。子到巽者是也。御街者，爲御駕所游行之街道。有坦坦蕩蕩，悠揚不迫之氣象。四大尊神者，卽四正之子午，卯酉也。故曰乾坤艮巽號御街。四大尊神在內排。然乾坤艮巽之水。雖號稱御街。亦須分一生一尅。其生尅之吉凶。又須憑五行之排布。以推算之。始能得其天機玄妙之處。故又曰生尅須憑五行布。生尅者，卽酉到艮。子到巽。謂之生。午到乾。卯到坤。謂之尅也。要識天機玄妙之處。卽逢順排者，喜其生。逢逆排者，喜其尅。喜其生。雖我生者，不爲洩。而亦是吉。喜其尅。雖尅我者，不爲害。而反獲吉。其天機玄妙之處，盡在此處矣。乾坤艮巽水流長。吉神先入富豪家。旣知乾坤艮巽四水之可貴。又須知有順逆生尅之不同。旣得乾坤艮巽四水之流長。又須排定其爲順爲逆。而取用之。故斷曰吉神先入富豪家。謂得吉神先入其家乃富豪。亦卽云家之得富豪者。必有吉神先入之也。

請驗一家舊日坟。十坟埋下九坟貧。惟有一坟能發福。去水來山盡合情。

此節，申言人若不信地理之有徵應。請向舊日坟以驗之。譬如十坟，同在一處。何以九坟皆貧。而一坟獨能發福哉。因九坟所埋之地。及下葬之時。均不合情耳。其能發福之一坟。不但山水之形巒合情。而時運之來去，亦無不合情。去水來山四字。已含有玄運在內。即云去水，要在衰方。來山，要在旺方。始得稱爲去水來山盡合情。情者，性也。即陰陽欲其配合。雌雄欲其交媾。時運欲其當令。亦總結開卷所云楊公養老看雌雄之意也。

宗廟本是陰陽元。得四失六難爲全。三才六建雖爲妙。得三失五盡爲偏。蓋因一行擾外國。遂把陰陽顚倒編。以訛傳訛竟不明。所以禍福爲胡亂。

此節，全是隱辭。非一一揭破之。莫名其妙。宗廟，即是兩儀。火珠林云，八純之世。起於宗廟。後世或以淨陰淨陽，爲宗廟法者，蓋陰陽之元。本出自兩儀。繼則河洛先後天。然玄空立法。非專用兩儀。河洛先後天。須兼用天干，與地支也。故曰宗廟本是陰陽元。即云宗廟之法。本是陰陽所自出。不過兩儀初分而已。若專用兩儀，非其法也。如專用河圖，卽得四失六矣。三才六建，卽指洛書。妙則妙矣，亦不能專用。得三失五，指先後天卦。若專用八卦，亦爲偏也。以是知玄空立法，須自兩儀，河，洛，先後天，以及干支，無不一一貫通，而用之。然後得其全。不爲偏耳。兩儀本陰陽之元。故曰宗廟。河圖，用十。故曰得四失六。因四加六，卽十也。洛書用九。故曰三才六建。因三加六，卽九也。先後天卦用八。故曰得三失五。因三加五，卽八也。全是隱辭。非一一揭破之。誰能得其意旨哉。一行，唐時僧。相傳欲擾外國。遂把陰陽顚倒編之。卽後世所稱滅蠻經者，是也。後世之學地理者。未明玄空眞訣。或用淨陰淨陽，專重天干，與八卦，而遺棄地支。或用三合。專重地支，而遺棄天干，與八卦。因之以訛傳訛。將人間禍福，從此胡亂矣。故曾公安傳述楊公眞訣後。而深致其歎惜之意。亦卽反言，以結先天羅經十二支一節之旨。

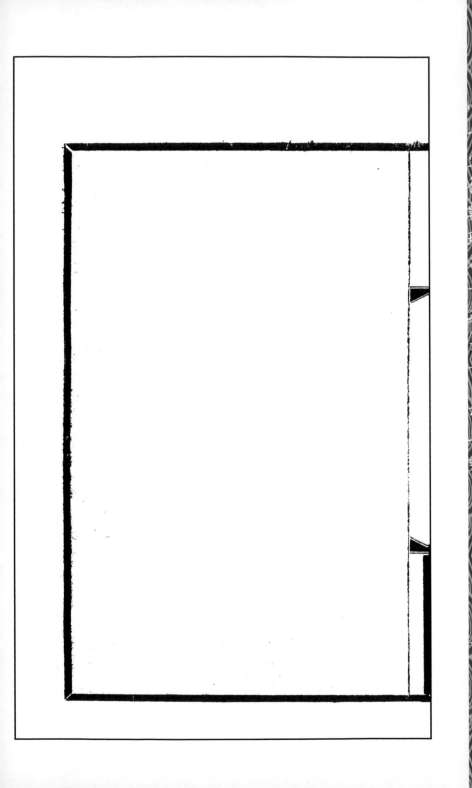

地理辨正揭隱

古剡王邈達箸
蕭然陳寅亮校

青囊奧語　唐楊　益筠松箸

奧語者，其旨深奧。其語隱祕，非洞悉玄空眞訣者，輒一句不得其解。誠奧語也。然其文體，是歌訣。孫直齋書錄解題所云，楊公遺訣曜金歌。殆卽此歟。因開卷，卽言星曜。首句，卽言巨門。巨門者，金曜也。可據以爲證。楊筠松，竇州人，唐僖宗時，掌靈臺地理事。乘黃巢之亂。竊取金匱地理禁書。研究得訣。遂以地理名世。後人稱爲楊救貧者，是也。

坤壬乙，巨門從頭出。艮丙辛，位位是破軍。巽辰亥，盡是武曲位。甲癸申，貪狼一路行。

此爲兼山，兼向，另立一挨星法。以二七，與六一，起例。按北斗七星。斗口第二星，巨門。與斗杓第七星，破軍。相對而平列。斗杓第六星，武曲。與斗口第一星，貪狼。亦相對而平列。兩兩相對。適分兩端。其第三星，祿存。第四星，文曲。第五星，廉貞適爲軸心。因北斗之旋轉。兩端動，而軸心不移也。楊公取其兩端之動者以爲用。卽易繫辭所云吉凶悔吝生乎動者也之意。故開卷，卽曰坤壬乙，巨門從頭出。艮丙辛位位是破軍。適合羅經之坤與艮壬與丙，乙與辛。亦兩兩相對而平列，故也。若巨門第二星，臨坤壬乙之位。其破軍第七星，必臨艮丙辛之位矣。從頭出者，係起例二字之隱辭。卽以巨門起例，而挨在坤壬乙之位。故艮丙辛之位，卽位位是破軍矣。至巽辰亥，與甲癸申而不言對待者何也。因作口訣者，往往簡括其辭。卽據一起例，以該其餘。令人舉一以反三也。巽辰亥，盡是武曲位。則戌乾巳之位。盡是貪狼可知矣。於甲癸申而曰一路行者。亦猶巽辰亥是武曲位。而戌乾巳，爲貪狼。若貪狼而行於甲癸申一路。則庚丁寅一路，之必爲武曲。亦可知矣。欲明其詳。請閱仰觀俯察下卷之奧語挨星口訣表。

左爲陽子癸至亥壬。右爲陰午丁至巳丙。

此爲陽，爲陰者。非羅經上之紅字，與黑字也。係河洛之一，三，七，九，奇數，爲陽。二，四，六，八，耦數，爲陰之陰陽。亦卽山上，與水裏，排卦所得之一，三，七，九，與二，四，六，八之爲陽爲陰也。左右者，起點之左右，非呆板之東左而西右也。左爲陽，從左之子癸爲起點，挨至終點，卽亥壬矣。右爲陰，從右之午丁爲起點，挨至終點，卽巳丙矣。亥壬在羅經，本紅字爲陽，而山上排卦，亥至一，壬至三。水裏排卦，壬至一，亥至三。一與三，皆陽數也。故曰左爲陽，子癸至亥壬。巳丙，在羅經，亦紅字爲陽。而山上排卦，巳至二，丙至四。水裏排卦，丙至二，巳至四。二與四，皆陰數也。故曰右爲陰，午丁至巳丙。若僅以字面解。而曰左陽起子癸，終亥壬。則滿盤皆陽矣。右陰起午丁，終巳丙。則滿盤皆陰矣。夫何與語之有。此卽承上文，巨起壬。破起丙。子癸兼貪。午丁兼武，之隱辭。亦卽起下文，雌雄交會合玄空，之意也。

雌與雄，交會合玄空。雄與雌，玄空卦內排。

雌雄者，非羅經上之陰爲雌，陽爲雄。亦須從排卦所得之奇數爲雄。耦數爲雌也。試以子癸，與午丁，言之。子癸，在羅經。均黑字，爲陰。而山上排卦。子至九，爲雄。癸至六，爲雌。卽雌雄交會也。水裏排卦。子至四，爲雌。癸至八，亦爲雌。卽非交會矣。故玄空法中，於山上之子癸，可兼。於水裏之子癸，卽不可兼也。午丁，在羅經。亦均黑字，爲陰。而山上排卦。午至一，爲雄。丁至七，亦爲雄。卽非交會矣。水裏排卦。午至六，爲雌。丁至九，爲雄。卽雌雄交會也。故玄空法中，於山上之午丁，不可兼。於水裏之午丁，卽可兼也。在羅經上，須分淨陰淨陽。卽靑囊序所云，前後八尺不宜雜。於排卦中，又須雌雄交會。而始能合法。故曰雌與雄，交會合玄空。又曰雄與雌，玄空卦內排。卽丁寧反覆其辭。令人注意於玄空卦內排雌雄。不在羅經上之紅黑字。分雌雄也。

山與水，須要明此理。水與山，禍福盡相關。

此承上文，而申言其山水之雌雄。須要知其交會之理。與玄空法相合。明此理者，卽明其雌與雄。何以得交會之理。不在呆板之山陰爲雌，水陽爲雄。或山剛爲雄，水柔爲雌也。亦非僅於羅經上紅黑字之陰陽，爲雌雄。當以排卦法中之奇數爲雄，耦數爲雌。方得與玄空法相合。故曰山與水須要明此理。如排卦之雌雄不交會者。卽是不合法，而爲禍。排卦之雌雄得交會者。卽是合法，而爲福矣。故又曰水與山禍福盡相關。

明玄空，只在五行中。知此法，不須尋納甲。

此承上文而言玄空者。非於五行之外，另有一法也。故曰明玄空，只在五行中。卽要明白此五行中。排卦，與挨星之不同。排卦，從八卦團轉法。挨星，依九宮順序法。排卦，要用河洛五行。挨星，要用九星五行。只在五行中，卽謂玄空亦無別法。只要在五行中。分清其爲排卦，與挨星耳。果能明排卦，與挨星法之不同。又能知用河洛五行，與九星五行之不同。卽能辨其雌雄之交會，與否。以定其取舍。故又曰知此法，不須尋納甲。卽謂旣知玄空法。其陰陽之配合雌雄之交媾時令之得失。盡在於此。不須再尋乾納甲，坤納乙之法。仍偏而不全也。

顛顛倒，二十四山有珠寶。順逆行，二十四山有火坑。

顛顛倒者，從排卦所得之二十四山。與羅經原定之位，無一不顛倒。順逆行者，卽排卦法。山上用陰順陽逆。水裏用陽順陰逆之順逆也。珠寶與火坑。係或吉，或凶，之隱辭。卽謂羅經之二十四山。要從排卦所得之位。以定其吉凶。又要從山上排卦之陰順陽逆。水裏排卦之陽順陰逆。以定其吉凶。非謂顛顛倒，二十四山盡是珠寶。順逆行，二十四山盡是火坑。故曰有珠寶，有火坑。卽謂二十四山之顛顛倒中，旣有珠寶，亦有火坑。順逆行中。於二十四山內，旣有火坑，亦有珠寶也。

認金龍，一經一緯義不窮。動不動，直待高人施妙用。

金龍者，卽前解青囊序所云，須形完氣足。神化不測。始得稱爲金龍。認者，卽認定此山此水，之是金龍。非金龍也。一經一緯者，以形巒言。係一直一橫之隱辭。卽謂龍之行也，直以作勢。橫以作局之意。以理氣言。係一靜一動之隱辭。卽謂其形在地，靜而有常。其氣在天，動而有變也。故曰認金龍，一經一緯義不窮。卽謂認定金龍後。又須知其一橫一直之局勢。與一靜一動之形氣。而其中妙義，有不可窮盡者也。動不動，係當令，與不當令，之隱辭。卽葬經所云春發於郊。栗芽於室。銅山東崩。洛鍾西應之意也。直待高人施妙用，卽謂金龍之當令不當令。非平人所能知。直須要洞悉玄空挨排法之高人。方能施其妙用。故曰動不動，直待高人施妙用。亦總結上一句，旣認得金龍。亦不可聽時師之胡行亂作也。

第一義，要識龍身行與止。

龍身者，地理之本源也。故列爲第一義。行與止，亦當分形巒，與理氣，而言之。行則過而不留，止則住而結穴也。其形巒之行，止。若兩砂外張。兩水分流。中間之龍，得一起一伏一曲一折，行去。謂之行龍。卽葬經所謂過龍。爲五不葬之一。若兩砂內斂。兩界會合。更得四山環抱。衆水交匯。謂之龍止，而結穴矣。再以理氣言之。行龍之一起一伏，一曲一折。用羅經格定其起伏曲折處。能節節合法者。方得謂之龍。方得謂之行龍。否則，龍之不成。焉論行止。如龍行到頭。即龍止穴結。先將坐穴勘定。用羅經。再格其四正四耦最高之山峯。與一潴一洩最明之水光。而能處處合法者。方得謂之龍止。否則便是花假而非眞穴矣。然則龍身之行止。洵地理學中之第一義。故曰第一義。要識龍身行與止。

第二言。來蓏明堂不可偏。

此言坐穴處後既有來蓏。以引氣。前必有小明堂。以聚氣。其結穴方眞。卽謂來蓏。與明堂。無一可以偏廢。非謂來蓏與明堂。必須正對也。上文言龍身既止。其蓏卽從龍身抽出。或橫來。或直來。或正來。或側來。在所不拘。必須面前有小明堂。得暗界會合。其氣始止。卽要顧前顧後。雙方兼顧而後可。此形巒之不可偏也。若以排卦論來蓏。有來蓏之受氣。明堂。有明堂之受氣。二者。亦須各乘生旺。不可顧此失彼。此理氣之不可偏者也。故曰第二言。來蓏明堂不可偏。

第三法。傳送功曹不高壓。

傳送，功曹，乃左右護砂之名稱。穴低，砂高，卽高壓矣。穴高，砂低，卽孤露矣。兩者，俱不可。故擧一高壓而孤露可例知矣。若以玄空排卦論，卽一六，忌三八。四九，忌二七之謂也。例如子山午向，則酉爲傳送，卯爲功曹，子之坐山，排在四，而其天卦九。則酉排在二，其天卦七。卯排在七，其天卦二。若坐子向午，遇酉卯兩峯高者。卽傳送功曹高壓矣。大爲子山所忌。餘可類推。且犯玄空四九忌二七之戒矣。故曰第三法，傳送功曹不高壓。卽謂第三者，就要洞悉玄空排卦法。然後知坐山在某一字。而傳送與功曹，卽在某一字矣。能用呑吐法，或兼向法，以避之。卽不致犯高壓之煞。

第四奇，明堂十字有玄微。

明堂者，卽中陽也。與第二言之明堂，不同。寶照經云，安墳先要看中陽。寬抱明堂水聚囊者是也。坐山之水，去而至中。朝山之水，來而至中。左來到右，右來到左之水，亦無不至中。適得前後來者爲一直，左右來者爲一畫。以成一十字形。故曰明堂十字。玄微者，卽言此十字形之水。內含有玄空微妙之理。所以玄空排卦，有來水合坐去水合向，之兩法。果能來去合法。洵爲奇特可貴。故曰第四奇明堂十字有玄微。卽謂明堂中之十字水當有玄空排卦法眞微妙而不可言也。

第五妙，前後青龍兩相照。

此青龍，非普通所謂左青龍，右白虎，之青龍。係山水當生旺之隱辭。猶於時之春令，曰青春。稱人之少年，曰青年之謂也。兩相照，卽前朝與後坐兩兩相照應。如疑龍經所云，未作穴時先作朝。又云惟有朝山識悻心之意也。於形巒上，坐山固從龍身分來。朝山亦要從龍身分來。於理氣中坐山，旣得生旺之氣。朝山亦須得生旺之氣。始合天地生成之妙。故曰第五妙，前後青龍兩相照。

第六祕，八國城門鎖正氣。

城門，當分山，水，二法。山上。以四圍之山，有缺口處爲城門。水裏。以四面之水，有斷開處爲城門。此形巒之城門也。若以理氣言，當缺則缺，當斷則斷。

卽合城門法。不當缺，而缺。不當斷，而斷。卽不合城門法。其當缺，不當缺。當斷，不當斷。須以排卦法審定之。例如子山午向。子山排在九。午向，排在六。以乾，巽，爲城門。方得可來可去。因水裏乾排在九。其來也與子山，爲九九同運。其去也與午向，爲九六合十五。巽排在一。其來也與子山，爲一九合十。與午向爲一六共宗。然來去之水不一。而其城門亦不一。故又有可來，不可去。或可去，不可來之辨。總以來者要合坐，去者要合向。始不失城門之法。以定其取舍。八國者，卽羅經上之八卦也。每卦，有每卦之城門。每爻，有每爻之城門。山上，以山爲城。以山缺處爲門。水裏，以水爲城。以水斷處爲門。有城，又有門。始得正氣鎖住。凶煞泄去。故曰第六祕，八國城門鎖正氣。卽謂八國中，有每國之城門。以鎖其正氣。其城門之合法，不合法。又有排卦之祕訣在也。

第七奧，要向天心尋十道。

天心者，卽宋詩所詠，講易見天心。亦卽孔子所云，五十以學易。以五數，十數，居於河圖之中。故五與十，爲易之天心。卽此天心也。十道，與上文所言明堂十字，不同。十字，以形言。當平看。十道，以形言。亦當平看。以氣言。卽要竪。看葬經云，乘金相水。穴土印木。卽言形巒之十道也。乘後來之金龍。相前合之界水。卽爲十道之一直。穴土者，立穴於特異之土中。卽是十道之天心。印木者，再印證於左右兩砂之開睜處。卽爲十道之一畫。再以理氣言。天光之下。地膚之上。卽爲十道之一畫。天光下臨。地德上戴。卽爲十道之一直。其天光，與地德。得合爲一直者。又須從排運，得之。例如子山，午向。子山，天卦九。卽以九入中，從九宮順序挨之。其天心之五，卽加臨於羅經之子上矣。午向，天卦一。卽以一入中，挨之。其天心之五，卽加臨於羅經之午上矣。二五合而爲十。此理氣之十道也。故曰第七奧，要向天心尋十道。卽謂要尋十道。須向空中去尋。其理之深奧。有妙不可言者也。

第八裁，屈曲流神認去來。

流神者，卽謂水之屈曲流行。於排卦，能不出位。於挨星，且得對照者。方可稱爲流神。認去來，又須認明其或去，或來。如去水，當與向首之字相合。如來水，當與坐山之字相合。爲玄空水裏排卦之第一要訣。故曰第八裁屈曲流神，認去來。卽謂水流屈曲。於排卦既不出位。於挨星，又相對照。且須去，與向合。來，與坐合。始得而取裁之也。

第九，神任他平地與青雲。第十眞若有一缺非眞情。

平地，卽平洋穴也。青雲，卽高山穴也。謂平洋，與高山。除上述之八者，外。絕無他法。然上八句。一句，各有一義。此第九，第十，兩句不過總結上文而言之。故曰第九神任他平地與青雲。謂以上八法。無論山上龍神。水裏龍神。已該攝於八者之中。不管平洋，高山均可用之。如於以上八法有一缺點。卽是去水來山不合情。而其地亦不眞也。故更相囑，而曰第十眞若有一缺，非眞情。以此道行世者。愼之愼之。

明倒杖，卦坐陰陽何必想。

倒杖二字。係一橫一直之隱辭。因橫臥者，爲倒。直立者，爲杖也。能明一橫一直之理。即知八卦之坎離直而震兌橫。乾巽直而坤艮橫。更以排卦法，團轉排之。亦即知河洛數之一六直而三八橫。四九直而二七橫。所謂天卦地卦。陽爻陰爻得由此而分。故曰明倒杖卦坐陰陽何必想。即謂能明一橫一直之理。而八卦之分天地分陰陽皆有坐定之位。不必再想矣。

識掌模，太極分明必有圖。

掌模者，係九宮之隱辭。即掌上之食指中指，無名指。每指，分三節。合而適成爲九宮。謂三指之橫紋，即有九宮之模形也。太極中虛，即中指之中節。爲中五而中虛。其一九，二八，三七，四六，分布於四正四維。不啻如圖畫之分明。故曰識掌模，太極分明必有圖。即謂能識得掌上有九宮之模形。又識得中虛者，即是太極。而挨星一法。即可從掌上推排矣。

知化氣，生尅制化須熟記。

化，氣，二字。係死，生，之隱辭。凡物，自有化無，謂之化。即死也。自無生有，謂之氣。即生也。能知化，與氣。即能辨生，死，與衰旺矣。生尅制化者，係致中和之隱辭。即子思子所云，致中和天地位焉萬物育焉，之意。有生無尅。弊在過旺。有尅無生。弊在就衰。生，尅二字當對看。制，化二字當側看。制即制其太過。化即變化其氣質使無太過，與不及之弊。故曰知化氣生尅制化須熟記。謂欲知其生死與衰旺。須熟悉其何者爲生。何者爲尅。何者宜生。何者宜尅。可用制化之法。以致其中和云爾。即人巧可以奪天工也。

說五星，方圓尖秀要分明。

方，爲土。圓，爲金。尖，爲火。秀，爲水，與木。凡融結成地。須五星完備，而後可。此說五星，雖以形言。然亦有得位不得位。當令不當令之別。若以土星居中。金西，火南，水北，木東。即是五星歸垣之大地。否則，亦須相生有序。如火生土，土生金，金生水，水生木之類。亦是上格。故曰說五星，方圓尖秀要分明。即謂既知其形。又要辨其方位，與次序也。

曉高低。星峯須辨得玄微。

此承上文而言峯既成星。又要曉得其高與低。如遇得位，得令，之星峯。欲其高。失位，失令，之星峯。欲其低。四山皆高，欲其高。四山皆低，欲其低。始合乎中和之氣象。譬如土星結穴而木星過高，卽受煞氣矣。火星過低，卽少生氣矣。餘可類推。故曰曉高低星峯須辨得玄微。卽謂星峯之高低，須辨明其生尅制化中有玄妙微細之理在也。

鬼與曜，生死去來眞要妙。

鬼，卽死氣。曜，卽生氣。穴後𣪠去者，卽爲鬼。砂上餘出者，卽爲曜。此言山上之鬼曜也。若言水裏，其曲曲折折之處而能一卦純清去而欲留者，卽爲曜。或一曲便去，一折便變者。卽爲鬼矣。故曰鬼與曜生死去來眞要妙。卽謂山水之或生，或死。而名爲鬼爲曜者。其中有眞實要妙之理。可於一去一來間，辨之矣。

向，放水生旺有吉休囚否。

此特提明向首與去水合生旺。爲吉。休囚，卽否者。因地理學中，首重坐山。一切挨排等法。無不以坐山爲主。獨於去水。須與向首，合其吉凶者。其理何居。蓋以向首爲客山而去水，亦爲客水，故也。向，卽向首也。放，卽去也。放水，卽去水也。故於旣明各法以後，而特爲提明。惟去水，須與向首相合，而與坐山無涉。爲玄空法中亦一要訣。故曰向放水生旺有吉休囚否。向字，作一句讀。放水二字作一句讀。卽依向放水而爲去水，須與向首相合之意也。

二十四山分五行。知其榮枯死與生。

此謂欲知二十四山之榮枯死生。須先分淸其每山，各有五行之所屬。以生我者，爲榮，爲生。尅我者，爲枯，爲死。然此中之生尅。非僅在羅經上原定之五行，分之。須知在排卦。以河洛五行，分生尅。得位者爲生榮。失位者，卽枯死也。在挨星。以九星五行，分生尅。相臨者，爲生榮。相背者，卽枯死也。故曰二十四山分五行。知其榮枯死與生。

翻天倒地對不同。其中祕密在玄空。

此承上文，而言二十四山之榮枯死生。不在羅經上分五行。須從排卦，與挨星，而變遷。一經排卦。且與羅經上，原定之字。竟至翻天倒地。對之，絕不相同也。翻天者，自地上翻，而至天。倒地者，自天下倒，而至地。例如山上排卦。一坎之子，至九離。九離之午，至一坎。水裏排卦。一坎之子，至四巽。九離之午，至六乾。此正卦之翻倒也。其旁爻如山上排卦。一坎之壬，至三震。九離之丙，至四巽。一坎之癸，至六乾。九離之丁，至七兌。水裏排卦。一坎之壬，仍在一。九離之丙，至二坤。一坎之癸，至八艮。九離之丁，仍在九。此正卦與旁爻之翻倒。對之，亦絕不相同也。故曰翻天倒地對不同。祕密者，非嚴守祕密之祕密。祕，卽不明示。密，卽不疏忽之謂。蓋言其中翻倒之法。不在羅經上明顯以示人。須在玄空中，密切排來。自然有翻倒之理。故曰其中祕密在玄空。奈世人誤解祕密。以爲天機不可泄漏之祕密，竟致習玄空學者。東推西摸。歧途百出。禍人國族。莫此爲甚。眞地理學中千古之罪人也。

認龍，立穴要分明。在人仔細辨天心。

認龍立穴有兩說。分言之。卽認其龍，與穴之眞僞。合言之。卽先認定其龍。

而後可立爲穴也。又有形巒，與理氣，之兩說。如兩砂衞護。兩界分淸。中間一龍行來。形完氣足。且神化不測者。是謂眞龍。如砂不衞護。界不分淸。中來一山。又不生動活潑。卽非龍矣。如後有落脈。前有合界。左右又有微茫之砂。密密包裹。卽是眞穴。如後脈不來。前界未合。兩旁又無暗砂包裹。卽非穴矣。以理氣言。如來龍起伏曲折處。以羅經格之。得一卦純淸。或前來後去，得卦氣相配者。是謂眞龍。若一起一伏，一曲一折。不得一卦純淸。或前後來去，卦氣亦不合者。卽非龍矣。如立穴後，再以羅經格之。用排卦法，到山，有山。到向，有向。到水，有水。是謂眞穴。如週廻山水雖好。一經排卦。山亂而水又顚倒者。卽非穴矣。故曰認龍立穴要分明。然龍旣眞，穴亦的矣。又要辨明此龍，此穴與當今之時令合不合。當令，卽用之。不當令，且待之。其當令，與不當令之辨法。又要仔細推算，天運之中心。是否到穴，到向，到山，到水。始得稱爲認龍立穴之妙手。故又曰在人仔細辨天心。

天心旣辨穴何難。但把向中放水看。

上節，言認龍立穴，要辨天心。此節，言既辨天心，而立穴無他難。但把向中，與放水。須要看明。蓋上節，言認後山來龍，以立穴。此節，言立穴後，再看向中，與放水，是否亦合天心。益信玄空立法之精詳細密也。按玄空排卦法。須要從龍山穴山，砂山要從山上排卦。以辨其天心。而向首，與來水，去水，須要從水裏排卦。以辨其天心。且更須知挨星中分有水朝迎，與無水朝迎之兩法。可見認龍立穴後，其向，與水，亦不可輕視也。故曰天心既辨，穴何難。但把向中放水看。卽合上文而言，穴後要認後山來龍，穴前要看前向去水。亦卽青囊序所云，去水來山盡合情之意也。

從外生入名爲進。定知財寶積如山。從內生出名爲退。家內錢財皆盡費。生入尅入名爲旺。子孫高官盡富貴。

此玄空斷驗法也。凡地理學。以坐穴爲主，爲內。四圍之砂水，與向。均爲客，爲外。如排卦。逢生我者，爲從外生入。卽是進神。我生者。爲從內生出。卽是退神。財寶如山，與錢財盡費。固可於生入，生出，卜之矣。至第五句，生入尅入名爲旺。亦舉一起例，以該其餘也。按玄空排卦法。如遇順排。生入，固爲旺。而生出，亦爲旺。如遇逆排。尅出，固爲財。而尅入，亦爲財。此云生入尅入名爲旺者。不過舉一逆排者，以爲例。生入，主高官。尅入，主錢財。故曰子孫高官盡富貴。如遇順排。生入，與生出均爲旺矣。惟主貴，而不主富耳。亦不可不知。

脈息生旺要知因。龍欹脈寒災禍侵。縱有他山來救助。空勞祿馬護龍行。

脈，落脈也。息，呼吸也。脈息者，落脈有呼吸之氣。而運以太息也。當合形巒，與理氣，言之。如脈係陽落者，須於平闊中有凸脊。陰落者，須於凸脊上有微凹。平中有凸脊止見凹。即形巒之脈息也。以理氣言。於排卦當令者。其呼吸深長。而凹凸顯明。即是生旺。於排卦失令者。其呼吸微弱。而凹凸模糊。即非生旺矣。故曰脈息生旺要知因。即謂欲知脈息之生旺。不生旺。須先知其有得令，不得令，之原因也。欹，即不動也。動，即不欹也。龍欹而不動。其脈息亦停矣。蓋即無氣以溫之，而爲寒也。此謂失令之龍脈。雖形巒如舊。而氣已不至。故曰龍歇蜄寒災禍侵。即謂一到龍歇蜄寒。則吉去凶來。而災禍侵入矣。一到災禍侵入。雖有四面之客山。為祿為馬者，以護之。亦徒勞而無功。故又曰，縱有他山來救護。空勞祿馬護龍行。

勸君再把星辰辨。吉凶禍福如神見。識得此篇眞妙微。又見郭璞再出現。

此總結上文，而言龍蜄之生旺，與歇寒。不僅在排卦上，定吉凶。再須於挨星中，辨之。如排卦吉，挨星亦吉。謂之眞吉排卦凶，挨星亦凶，謂之眞凶。其應驗之禍福，有如神明相告。可立見也。如卦吉星凶。或星吉卦凶。尚是禍福參半。即不得謂之如神見也。故曰勸君再把星辰辨。吉凶禍福如神見。謂僅知排卦。未知挨星者。不得為洞悉玄空之學。如有人，既知排卦。又知挨星。乃識得此篇中，有眞實玄妙微細之理。雖地理學中之聖，若郭景純者。亦無以過之。故又曰，識得此篇眞妙微。又見郭璞再出現。

地理辨正揭隱

古剡王邈達箸
蕭然陳寅亮校

天玉經　唐楊　筠松撰

天有五行，玉具五德。此經以天玉命名者。即以地能五行得其正。人，能五德秉其全之義也。文分三章。第一章稱內傳上。說排卦者多。第二章。稱內傳中。說挨星者多。第三章。稱內傳下。說定卦定星者。多惜其辭甚隱祕。非得玄空眞訣者。不能卒讀。總核全文。說排卦，挨星。以及定卦，定星。不外以五行之生尅。爲吉凶之斷驗。果地能五行得其正。人，能五德秉其全。自然五倫敍而五常立矣。齊家治國平天下。其在斯乎。其在斯乎。

內傳上

江東一卦從來吉。八神四個一。江西一卦定龍位。八神四個二。南北八神共一卦。端的應無差。

此節，該括排卦，與挨星，而言之。非另有一法也。江東一卦，江西一卦，南北共一卦者。卽青囊序所云江南龍來江北望，江西龍去望江東也。四個一，四個二，以及共一卦者。卽青囊奧語所云，坤壬乙，巨門從頭出，艮丙辛位位是破軍，巽辰亥，盡是武曲位，甲癸申貪狼一路行也。但須知排卦有卦位，與卦氣之不同，因位屬地，氣屬天也。挨星，須星光與龍神相對照，以天上星光，所照臨之處，卽地下龍神，當得令之時也。又須知地位在東，其天氣反在西，地位在西，其天氣反在東，南北亦然。且天上之星光，與地下之龍神，兩相對照者。亦同此理也。譬如一人坐東向必西，坐西向必東。此所云東西南北者。無一不以相反與對照而言之。知其相反與對照，卽知其理矣。江者，水也。卽一坎中之子水，爲卦位之起點。左右之分界。子之左，爲江東。子之右，爲江西。卽定位也。江東一卦者，卦起於江西。江西一卦者，卦起於江東。卽相反與對照也。自子癸而卯乙，午丁，酉辛，爲四正之江東。艮寅，巽巳，坤申，乾亥。爲四隅之江東。壬，丙，甲，庚，爲四正之江西。丑，未，辰，戌，爲四隅之江西。以四方之定位。言東南西北也。且一，二，三，爲江東。七，八，九，爲江西。四，六，爲南北。以九宮之順序。言東南西北也。更以羅經上之天，地，人，三元。與通根排卦，兩法言之。江西之地元。爲壬，丙，甲，庚。丑，未，辰，戌。因壬通辰。丙通戌。甲通未。庚通丑。一經相通。雖有八神。只得四個矣。故曰八神四個一。江東之天人二元。爲子，午，卯，酉，乾，坤，艮，巽。而天元，須兼人元之癸，丁，乙，辛。亥，申，寅，巳。兼者。卽二併爲一也。故子，午，卯，酉，乾，坤，艮，巽，與癸，丁，乙，辛。亥，申，寅，巳。雖有十六個。以二併一。故只八個矣。因子午通。卯酉通。乾巽通。坤艮通。合癸通巳。丁通亥。乙通申。辛通寅。卦以二併一。爲八個。而其神之相通者，原有八個。故曰八神四個二。何以曰南北八神共一卦。因南爲九離。北爲一坎。於水裏排卦。在南，有午丁，與丁未。可兼。在北，有子壬可兼。山上排卦。在北，有子癸，與癸丑。可兼。在南，有午丙可兼。可兼者，卽可共也。是則南有丙午，丁未。四神。北有壬子，癸丑。四神。南北共有八神矣。故曰南北八神共一卦。以通根與排卦法，言江東。江西。與南北也。更以挨星言之。與語之坤壬乙，與甲癸申。均屬一，二，三。卽江東一卦。艮，丙，辛。屬七，八，九。卽江西一卦。巽，辰，屬南，共東一卦。亥，屬北，共西一卦。此挨星法之江東江西與南北也。從來吉者，以生旺之吉氣，悉從東方來。且得地元之純一。故曰從來吉。定龍位者，因天人二元之可兼者。於羅經上，須淨陰淨陽，於排卦中，須一雌一雄。且有山龍可兼，水龍不可兼。或水龍可兼，山龍不可兼之固定地位。故曰定龍位。南北八神共一卦，言南北雖有八神。而巽，辰，共東一卦。亥，共西一卦。故曰南北八神共一卦。端，多端也。的，準的也。言其法，雖多端。合於玄空定理。確有準的。且甚應驗。亦無差忒。故曰端的應無差。亦總結全節，而言也。

二十四山管三卦。莫與時師話。忽然知得便通仙。代代鼓駢闐。

此承上文，而言江東一卦。江西一卦。南北共一卦。之三卦也。亦卽二十四山。每山，有父母通根一卦。每山，又有天卦與地卦。能知上文之三卦。卽能知每山之通根卦。以排定其爲天卦，與地卦。故曰二十四山管三卦。卽謂每山，皆要管到通根卦。與天卦，地卦也。而當時之地師。未知管三卦之法。卽與言之。亦不解其意。故曰莫與時師話。倘有人忽然知得此法。便是通曉玄空學之地仙。爲人立宅安坟。卽可俾其子孫富貴代代有鐘鼓盈庭，車馬喧闐，之盛。故又曰忽然知得便通仙。代代鼓駢闐。極言玄空法之大有徵驗也。

天卦江東掌上尋。知了値千金。地畫八卦誰能會。山與水相對。

此承上文，而言二十四山管三卦。山字該水而言。故此節山上，與水裏，分言之。按玄空排卦法。山上用天卦。水裏用地卦。天卦，在坐山之對宮地卦，卽坐山之本宮。茲舉一壬子癸以爲例。山上，壬通辰。壬爲陽。逆排。卽以辰起四。甲至六。丑至七。壬至八。八，卽爲壬之地卦。戌至九。庚至一。未至二。丙至三。丙，與壬對。因壬之天卦三。故壬屬三震也。子，通午。子，爲陰。順排。卽以午起九。坤至一。酉至二。乾至三。子至四。四，爲子之地卦也。艮至六。卯至七。巽至八。午仍至九。午，與子對。因子之天卦九。故子屬九離也。癸，通巳。癸爲陰。順排。卽以巳起四。丁至六。申至七。辛至八。亥至九。癸至一。一，爲癸之地卦也。寅至二。乙至三。巳仍至四。丁至六。丁，與癸對。因癸之天卦六。故癸屬六乾也。水裏，壬通未。未，爲陰。逆排。以未起四。丙至六。辰至七。甲至八。丑至九。壬至一。一，卽壬之地卦。故壬在一坎也。子，通午。午，爲陰。逆排，以午起，九。巽至一。卯至二。艮至三。子至四。四，卽子之地卦。故子屬四巽也。癸通申。申，爲陽。順排。以申起四。辛至六。亥至七。癸至八。八，卽癸之地卦也。故癸屬八艮。更得寅至九。乙至一。巳至二。丁至三也。山上用天卦。故曰天卦江東掌上尋。卽謂地卦在江西。其天卦，要向對宮之江東去尋。亦卽謂地卦在江東。其天卦，要向對宮之江西去尋矣。能知山上用天卦一法。其法之貴重，得價値千金。地畫八卦者，卽謂地卦也。地卦，用於水裏。排到本宮。卽是地卦。而水裏應用地卦。其法，不可與山上相混。須要會通此理。故曰地畫八卦，誰能會。如能知了山上用天卦。水裏用地卦。始得天地陰陽，相配合。山水，雌雄相交媾矣。故總結而曰山與水相對。

父母陰陽仔細尋。前後相兼定。前後相兼兩路看。分定兩邊安。

此承上文，而言排卦法。須先以經四隅八尋到父母通根之字。山上，以坐山之字。分陰順，陽逆，起卦。水裏，以通根之字，分陽順，陰逆，起卦。故曰父母陰陽仔細尋。卽謂尋得父母卦後。又須辨陰陽順，逆。有山上，水裏，之不同。均要仔細。不可錯誤也。前後相兼定。前卽向與水也。後卽山與坐也。例如子癸，與午丁。子癸在山坐可兼。於向水不可兼。午丁，在向水可兼。於山坐，不可兼。均有一定之理。既知前後相兼者，有一定之理。是則前之可兼者，爲向水一路，後之可兼者，爲山坐一路。矣既知山坐與向水。要分兩路。其左右之諸山諸水。悉隨排卦而變遷者。對於山坐與向水。均有生尅吉凶之相關。當分定兩邊以安頓之。故曰前後相兼兩路看。分定兩邊安。

卦內八卦不出位。代代人尊貴。向水流歸一路行。到處有聲名。龍行出卦無官貴。不用勞心力。只把天醫福德裝。未解見榮光，

此承上文而言前後相兼分兩路。須前之向水，與後之山坐。均以不出卦

爲要。因羅經上之八卦，有定位。而排卦中之八卦，無定位也。譬如壬子癸，同屬坎卦。丑艮寅同屬艮卦。以山上排卦論。子兼壬爲出位。子兼癸。卽不出位。因山上排卦。壬在三。子在九。三。九。不相合。爲出位。子在九。癸在六。九，六，得合十五。卽不出位。癸，與丑。本不同卦。而癸，可兼丑。丑，可兼癸。因排卦中。丑，與癸。同在六乾也。又如丙午丁，同屬離卦。未坤申同屬坤卦。以水裏排卦論。午兼丙，爲出位。午兼丁，卽不出位。因水裏排卦。丙在二，午在六。二，六，不相合。爲出位。午在六。丁在九。六，九，得合十五。卽不出位。丁，與未。本不同卦。而丁，可兼未。未可兼丁。因排卦中。未與丁同在九離也。故曰卦內八卦不出位。代代人尊貴。卽謂於排卦中之八卦。能不出位者。可斷其子孫，代代產尊貴之人矣。又能得向首與流出之水。於排卦中，亦歸一路流出。其子孫既得尊貴，且有聲名矣。故又曰向水流歸一路行。到處有聲名。後更丁甯相囑曰，如於排卦中，而遇出卦之行龍。決不能出官貴。故勸其不用勞心力。龍行，既出卦。向，水，不必論矣。雖有天醫與福德之吉星。裝在向水之上。亦未見有光榮之一日。故更曰只把天醫福德裝。未解見榮光。謂不顧龍行之出卦，不出卦。只把天上之吉星裝在向水之上。實未解見榮光之地。須首重行龍。次合向水。再裝星辰也。

倒排父母蔭龍位。山向同流水。十二陰陽一路排。總是卦中來。

父母者，龍位之本源也。倒排者。由龍位而再回溯到父母也。蔭者，庇也。舉一壬子癸爲例。按排卦法。壬在坐山爲三。壬通辰。自壬三，而排至辰爲七。則三，七，合十矣。子，在坐山爲九。子通午。自子九，而排至午，爲四。則四，九，爲友矣。癸在坐山爲六。癸通巳。自癸六，而排至巳爲九。則六，九，合十五矣。壬，在向水爲一。壬通未。自壬一，而排至未爲四。則一，四，合五矣。子，在向水爲四。子，通午。自子四，而排至午，爲九。則四，九，爲友矣。癸在向水爲八。癸通申。爲自癸八，而排至申爲二。則二，八，合十矣。凡龍位屬天元者。排到父母卦而得河洛數之一六，二七，三八，四九者。卽是父母蔭龍位。龍位屬地人二元者。排到父母卦。而得河洛數之合五，合十，合十五者。亦是父母蔭龍位。因數之一六，二七，三八，四九。與合五，合十，合十五者。均屬河洛數之一生一成。龍位得父母之生成。卽有蔭庇矣。故曰倒排父母蔭龍位。卽謂龍位，得父母之蔭庇也。山向同流水。卽謂非僅山坐之龍位，要父母蔭庇。其向首，與流水。亦要父母蔭庇。與山坐。相同也。故曰山向同流水。譬如壬子，癸三山排到辰，午，巳三字。亦要有山。壬，子，癸三水。排到未，午，申三字。亦要有水。始得爲父母蔭龍位。山向同流水。十二陰陽者，非羅經上之紅爲陽，黑爲陰也。亦須以河洛數之一，三，七，九，爲陽。二，四，六，八，爲陰。因一四合五，與九六合十五。皆屬金水相生。二三合五，與七八合十五。皆屬木火相生。一九合十，與四六合十。皆屬金水相生。三七合十，與二八合十。皆屬木火相生。以陰與陽排。陽與陰排。陽與陽排。陰與陰排。均得合五，合十，合十五。故曰十二陰陽一路排。謂陰陽雖分兩路。而排法，仍歸一路也。總是卦中來。卽總結此節之法，無一不從排卦中來也。

關天關地定雌雄。富貴此中逢。翻天倒地對不同。祕密在玄空。

關者，竅也。天地者，陰陽也。竅分陰陽。而雌雄之形，斯定矣。故曰關天關地定雌雄，蓋自天地化生萬物，同在陰陽二竅，而物物各有陰陽二竅，以定其雌雄，故得物物相生。且生生不息。於地理亦何獨不然。學地理者，能知關天關地定雌雄。不必求其富貴。而富貴自得於此中相逢矣。故又曰富貴此中逢。翻天倒地者，卽陽降陰升。雌雄交媾，之謂也。對不同者，卽謂形巒，有形巒之不同。理氣，有理氣之不同。譬如窩穴朝凸。凸穴朝窩。而窩中又有微凸。凸中又有微窩者。卽形巒之不同也。譬如天卦是一。地卦是六。中天卦是六。地卦是一。而一反爲六。六反爲一者。卽理氣之不同也。第其不同之處。不肯明以示人，故曰祕。又有密切之理在其中，故曰密。非謂天機不可洩漏之祕密也。欲知其祕密。當在形巒變化之玄妙處。又在理氣翻倒之空洞處。求之，則自在矣。故曰祕密在玄空。

三陽水向盡源流，富貴永無休。三陽六秀二神當立見入朝堂。

上文言山坐要倒排其父母。此節，言向水亦要窮盡其源流，例如壬子癸，爲坐山。以丙午丁之水向，爲三陽。而丙，午，丁之源流，卽在丑，子，寅。因水裏排卦。丙通丑，午通子，丁通寅也。倘得丙，午，丁之水，來自丑，子，寅三字者，始得稱爲盡源流。始可斷其富貴永無休。按玄空排卦法。山上子排在九。水裏子排在四。卽四，九，爲友也。山上壬排在三。水裏丑亦排在三。得山水同運也。山上癸排在六。水裏寅排在一。卽一六共宗也。至於子山與午水午向。爲九六合十五。壬山與丙水丙向，爲二三合五。癸山與丁水丁向，爲六九合十五。天然相配。要知此句重在盡源流三字。卽謂三陽水向，更須窮盡其源流。始得富貴雙全。三元不敗耳。至三陽六秀二神當立見入朝堂，卽謂向水之範圍廣闊，不如山龍之來自一脈也。既得三陽，又得六秀之二神。則其福力更大。故斷曰立見入朝堂。三陽水向固要盡源流。而三陽，各有左右之二秀。卽是六秀。第此六秀亦要一一通神，而得其當者。始可稱爲三陽六秀二神當。例如子山。以午爲三陽。坤，巽爲六秀。艮，乾爲二神。按排卦法。山上子排在九。水裏，坤排在三。得山九而水三，爲離，震先後天還原。坤，通艮。艮排在七。得山九，水七。爲先天，乾兌同宮。巽排在一。得山九，水一。爲合十。巽，通乾。乾排在九。得山九，水九。爲同卦。壬山。以丙，爲三陽。未，辰，爲六秀。壬，庚爲二神。山上，壬排在三。水裏，未排在九。得山三，水九。爲離，震。還原。未，通壬。而壬，未。爲水裏通根。辰排在七。得山三，水七。爲合十。辰，通庚。庚排在四。得山三，水四。爲雷風相薄。癸山。以丁，爲三陽。申，巳爲六秀。癸，辛，爲二神。山上，癸排在六。水裏，申排在七。得山六，水七。爲後天，乾兌同宮。申，通癸。而癸，申。爲水裏通根。巳排在四。得山六，水四。爲合十。巳，通辛。辛排在二。得山六，水二。爲乾，坤，定位。是則三陽，六秀。以及二神，之方。均須見水。始得貴至極品。如立竿見影。又速於置郵。故斷曰立見入朝堂。

水到玉街官便至。神童狀元出。印綬若然居水口。玉街近台輔。鼕鼕鼓角隨流水。豔豔紅旆貴。

玉街者，御街也。卽青囊序所云，乾坤艮巽號御街。解亦見青囊序中。此節，言水之來去。於排卦內而能到御街者。卽可主貴。且出神童，狀元。水口之羅星，名印綬。來龍，有廉貞作祖。其水口，始得有羅星。謂之首尾相呼應。既得水到玉街。又得印綬居水口。卽是玉街近台輔。因印綬，居輔佐之位也。既得玉街近台輔。又須要一順一逆之砂。以護衞之。鼓角紅旆卽順逆兩砂之美名。鼓角言其高聳。紅旆言其尖炎。皆屬兵家之用。卽謂既有台輔，鎭於水口。又須鼓角，紅旆，以護衞之也。

上按三才并六建。排定陰陽算。下按玉輦捍門流。龍去要回頭。

三才，卽天地人，三元之龍位也。六建，卽一元有一元之父母卦。其三才，始得建立。每元，各有一父母。卽二三，得六。故稱六建。上按三才并六建。卽謂山上排卦。先須按定三元之龍位。并按定每元之父母卦。從河洛生成數之陰陽，排算之。始得審定其龍之眞僞。貴賤。故曰排定陰陽算。玉輦捍門，卽去水，與水口，之美名。上二句，言來龍固要排定。下二句，卽謂去水與水口，亦要排定。始得稱爲玉輦，捍門。卽前解所謂丙，午，丁，之水。須要從丑，子，寅，三字來。何以得丙午丁之水。能從丑子寅三字來。須要龍身回轉頭來。

而其水，亦隨山兜轉矣。故申釋之曰，龍去要回頭。

六建分明號六龍。名姓達天聰。正山正向水支流。寡夭遭刑杖。

此承上文而言六建。卽是三元龍位。更加通根之三卦。故稱爲六建。按羅經二十四山。祇得金水一龍。水金一龍。木火一龍。火木一龍。之四龍。四以六乘之。卽得二十四龍矣。故曰六建分明號六龍。凡來龍之方位。從卦內排算。果得一六水，與四九金。三八木，與二七火。能一絲不亂。始得稱爲極貴之格。故斷曰名姓達天聰。然龍身已得號爲六建。倘於向水不合。亦屬兇而不吉。例如四正之卦。以天干爲旁爻。四維之卦。以地支爲旁爻。若四正之山，向其水，從支流。或四維之山，向其水，從干流。卽是水流出卦。而遭寡夭與刑杖矣。故更申言之曰正山正向水支流。寡夭遭刑杖。

共路兩神爲夫婦。認取眞神路。仙人祕密定陰陽。便是眞龍岡。

共路兩神者，卽兩神共在一卦也。例如壬，癸共在一坎，而壬，通辰。癸，通巳。辰巳亦共在四巽。故曰共路兩神。然此兩神。於羅經上已得一四合五矣。

更以排卦論。壬之地卦，八。回溯至辰，得二。壬之天卦，三。回溯至辰，得七。均爲合十。癸之地卦，一。再排至巳，得四。癸之天卦，六。再排至巳，得九。均爲合五，合十五。故曰共路兩神爲夫婦。認取眞神路。卽謂兩神共在一卦。得配一干，一支，爲夫婦者。須先認定其通根之路。而取以爲配合者也。仙人祕密定陰陽。卽謂不在羅經上看紅黑字分陰陽。要在排卦中之河洛數，定陰陽也。以其不在羅經上擺明。故曰密祕耳。能知在排卦中定陰陽者。卽能得眞神路，且得眞龍岡矣。故又曰便是眞龍岡。

陰陽二字看零正。坐向須知病。若遇正神正位裝。撥水入零堂。零堂正向須知好。認取來山腦，水上排龍點位裝。積粟萬餘倉。

此承上文，而言定陰陽之法。須要看明零正。零，卽奇數。正，卽耦數也。一零，一正。卽一奇，一耦。始得一陰，一陽，相配而爲夫婦。然其夫婦之配與不配。又有山坐，與向水之不同。配，則不病。不配，卽病矣。故曰陰陽二字看零正。坐向須知病。例如子，癸，山坐，可配。午，丁，向水，可配。倘於山坐，而配以午丁。

向水，而配以子癸。卽是病矣。所以鄭重而曰須知病。若遇正神正位裝。撥水入零堂，此零正二字。與上文絕對不同。正卽當令。零卽失令也。若遇當令之山坐，卽是正神。而以正位裝之。因山能引氣也。其水，要撥入零堂者。因水能界氣。撥入零堂，卽撥水入於失令之方。以界斷其衰敗之氣也。零堂正向須知好。認取來山腦。水上排龍點位裝。積粟萬餘倉。向水，本屬一氣。不知向首，本與坐山相對。而水之來去，不止一路。未必盡與坐山相對。水撥零堂。向取正神，之好處。又須知之。卽謂只要認取來山腦。而其向首，自然在對面。不必再認取矣。至於水之不止一路來者。須點定其水之來去，在何位。一一從排卦法以裝之。則山向水三者均能合法。故斷曰積粟萬餘倉。因水主財祿，故也。

正神百步始成龍。水短，便遭凶。零神不問長和短。吉凶不同斷。

此申說上文若遇正神所臨之山。脈。又須其山脈。長至百步。按四尺五寸，爲一步。用魯尺，八寸爲一尺。百步者。卽五十丈也。正神百步始成龍。卽謂果遇正神之山蜿。又須其山蜿之長，在五十丈。始成爲龍也。水，短，便遭凶。水，短，二字有兩義。當分兩句，讀。卽謂正神方位。如其見水。或山蜿之長。不及百步者。卽不成龍。便遭凶矣若遇零神方位只要有水。然其水之長和短在所不問也。是則於正神方位，不能見水。且要其龍身長至百步，始吉。於零神方位，只要有水。不論其水之長短，亦吉。吉凶不同斷者卽謂零神之水。不必如正神之山。論長短，以定吉凶。故曰吉凶不同斷。

父母排來到子息。須去認生尅。水上排龍點位分。兄弟更子孫。

此父母，非通根之父母。以每卦之正卦，爲父母。旁爻爲子息。例如壬子癸三字。以子字，爲父母壬癸二字，爲子息。父母排來。卽先將子字排之。按山上排卦。而子字，排在九。更排子息，壬癸二字。而壬字，排在三。卽子九金。尅壬三木矣。癸字排在六。卽子九金。生癸六水矣。故山上，子癸可兼。壬子不可兼。卽須去認生尅之謂也。至水上排龍與山不同。因山之來也。只一龍一蜿。而水，則有一二路來者。亦有三四路來者，不等。須點明其幾位，而分排之。或爲同父母之兄弟。或爲同祖宗之子孫。不必再認生尅。但得是一家骨肉。來路雖多。亦是吉也。例如子水，又見乾水。卽四九爲友矣。見巽水。卽一四合五矣。見午水。卽四六合十矣。更以旁爻論。未，丁，與乾同在九。亦可稱四九爲友。壬，寅，與巽同在一。亦可謂一四合五。戌，乙，與午同在六。亦可謂四六合十。盡是一家親骨肉。故曰水上排龍點位裝。兄弟更子孫。卽謂水上排龍。只要分淸其卦位。不必如山上，之拘泥者也。

二十四山分兩路。認取五行主。龍中交戰水中裝。便是正龍傷。面前若無凶交破。莫斷爲凶禍。凶星看在何公頭。仔細認蹤由。

二十四山，之山字。亦該水，而言。卽謂二十四字，之或山，或水。且每山，每水。均分有兩路。其兩路中，又各有五行之所屬。要在排卦內，認取其某山某水，屬於何行以爲主。主者，主體也。山上，以坐山爲主。水裏，以向水爲主。認定其主。然後可辦生我，我生，尅我，我尅，之吉凶矣。故曰二十四山分兩路。認取五行主。龍中，水中。卽山上，水裏也。若山上排卦，與水裏排卦。所得客山，客水。不與主山，主水，相和合。而反交戰者。便如正龍受傷。故曰龍中交戰，水中裝。便是正龍傷面前，卽向首也。上言客山，客水之凶者。如在左右兩旁。而不在向首，當面見其凶交破者。莫須斷其爲凶禍。故曰面前若無凶交破。莫斷爲凶禍。卽表明客山客水。如在面前。較左右兩旁者，爲重要也。若在左右兩旁之凶星。又須看明某山某水之來去方位。在何房頭上。卽應驗在何房。然又有來吉去凶。來凶去吉。尙得吉凶對消。若來凶去亦凶。斯眞凶矣。故曰凶星看在何公頭。仔細認蹤由。

先定來山後定向。聯珠不相妨。須知細覓五行蹤。富貴結全龍。

此承上文。而正言山坐，與向水。須要一氣貫通。如珠聯璧合。而無妨礙。始得陰陽配合。雌雄交媾之妙。故曰先定來山後定向。聯珠不相妨。然其所以能得聯珠不相妨者。又須知排卦內之五行。與五行所生成之蹤跡。仔細覓定。例如壬子癸三字。山上排卦。壬之蹤，在辰。癸之蹤在巳。水裏排卦。壬之蹤，在未。癸之蹤，在申。而子之蹤無論山，水，俱在午。何謂五行蹤。因山上，喜順生。故壬，癸。以辰，巳，爲蹤者。卽金水相生也。水裏，喜逆尅。故壬，癸。以未，申，爲蹤者。卽水火相尅也。至子之蹤。不分山，水。俱在午者。因正卦，無論先後天。均相對直配。而旁爻。均是側交故也。能知正卦，直配。旁爻，側交。其五行之蹤，自明矣。以之排山，有山。排水，有水。自然結成富貴雙全之龍。故曰須知細覓五行蹤。富貴結全龍也。

五行若然翻値向，百年子孫旺。陰陽配合亦同論。富貴此中尋。

此五行，亦言排卦中之五行也。翻値向，卽坐山木。其向上亦木。坐山金。其向上亦金。坐山水。其向上亦水。且向上要從水裏排卦。或係坐生向，或係向，生坐。亦排卦中之定理也。若遇坐生向者，要向上有水。向生坐者，要向上有山。始得稱爲翻値向。陰陽配合亦同論。卽謂兼山，兼向之地。旣要陰陽相配合而可兼。又要主山，主向，之五行。翻値兼山兼向。且要主山是坐生向。向上有水。兼山，是向生坐。向上有山。故曰陰陽配合亦同論。果得向上要水，卽有水。向上要山，卽有山。自然人丁興旺。富貴雙全矣。故斷曰百年子孫旺。富貴此中逢。例如壬子癸，三山山上，壬，排在八。地卦也。丙，排在三。天卦也。三，八，爲木之生成。其向上之丙。從水裏排卦，而在二。卽木生火。爲坐。生向。要向上有水。子排在四。地卦也。午排在九。天卦也。四，九，爲金之生成。其向上之午。從水裏排卦，而在六。卽金生水。爲坐生向。要向上有水。癸排在一。地卦也。丁排在六。天卦也。一，六，爲水之生成。其向上之丁。從水裏排卦，而在九。卽金生水。爲向。生坐。要向上有山。且壬，子，不可兼。子，癸，可兼者。因壬，子，二字在羅經上，一紅，一黑。爲陰陽差錯。在排卦中。壬三，子九。均屬陽數。故不可兼。子，癸，二字在羅經上。盡是黑字。卽淨陰淨陽。在排卦中。子九，癸六，得九，六，合十五。爲陰陽配合。故可兼。如子，癸之兼山。午，丁之兼向。得午位見水。丁位見山。悉合五行翻值向之法矣。故詳言之。

東西父母三般卦。算値千金價。二十四路出高官。紫緋入長安。父母不是未爲好。無官只富豪。

東西者，該南北而言。卽天卦，地卦也。父母者，卽父母之通根卦也。故曰三般卦。於三般卦內，排山有山。排水有水。自然其地之貴。可價値千金。二千四路出高官。卽謂二十四路。每路有三般卦。每路皆可出高官衣紫緋而入長安矣。倘從排卦法，於通根卦位。山不是山。水不是水。卽謂父母不是。而迴迴之山水雖好。亦未爲好也。此卽俗師所謂脫龍就局。只出富豪，而無官貴。此極言三般卦之貴重。而父母一卦，尤其所特重者也。

父母排來看左右向首分休咎。雙山雙向水零神。富貴永無貧。若遇正神須敗絕。五行當分別。隔向一神仲子當千萬細推詳。

此承上文，而言排卦法。首重父母一卦。如從父母排來。卽得龍身之起伏，曲折，處能不出卦者。方可立穴。穴旣立矣，再看左右砂之峯巒如何。然左右之吉凶。雖有休咎之分。遠不及向首之重要。其休咎更爲分明也。故曰父母排來看左右向首分休咎。雙山雙向，以形巒言。卽山外有山。水外有水。以理氣言，卽父母可以帶子息。子息不可帶父母。譬如來山綿長。其曲折甚多。向首廣闊。其水路不一。只要山之曲折處，不離父母。水之紛歧處，盡是零神。自然富貴永無貧矣。若遇正神卽敗絕。卽謂水路紛歧。有一流入正神方位。卽敗絕矣。其敗絕之原因。又當在五行生尅中分別之。例如木當令以震爲正神。水若流入震方。則長房敗絕。火當令以離爲正神。水若流入離方。則仲房敗絕。水當令以坎爲正神。水若流入坎方。則幼房敗絕。又如左首當令。而水流左。則長敗。右首當令。而水流右。則幼敗。向首當令。而水流入向。則仲敗。茲舉隔向一神仲子當。以例其餘。故又諄囑曰。千萬細推詳。

若行公位看順逆。接得方奇特。宮位若來見逆龍。男女失其蹤。

公位二字。當分形巒與理氣言之。順逆者。非排卦之一順一逆。乃順。則生旺。逆則衰敗之意也。若行公位分順逆。卽謂當令之理氣。若能行到形巒之宮位。卽是順。否則。卽是逆矣。故下句云接得方奇特。卽謂形巒與理氣。相接得者。方是奇特。若形巒與理氣。不相接得。卽是逆龍。故下句又云。宮位若來見逆龍。卽謂從公位排來。若理氣不當令。就見其龍之逆。而家道衰敗。故斷曰男女失其蹤。此節，當重看兩若字。若行者，即謂欲分公位之順逆。若得理氣當令者爲順。不當令者爲逆。若來者，亦即謂從理氣排來。若不當令者。見於何宮位。則何公位受禍矣

更看父母下三吉。三般卦第一。

此總結全篇，重言以申明之。無論山，向，水，三者。先看父母卦。以及天卦，與地卦。果能於三般卦內純一不雜。即是三吉爲玄空學中，第一要訣。無事他求矣。更將三般卦，簡明言之。即合五。合十，合十五，之三般也。解見上文，第十一節，六建分明號六龍，句中。

內傳中

二十四山分八宮。貪巨武輔雄。四邊盡是逃亡穴。下後令人絕。

此斥一行所作小游年卦例之僞。而玄空法，自有其眞也。若以二十四山，分作八宮。貪巨輔武雄。不過於八宮中分四吉爲一邊。四凶爲一邊。趨避亦甚易易。何以按法而下貪巨輔武，四吉一邊之穴。而吉穴竟若逃亡。甚

至盡是凶徵。下後令人絕哉。足證其法之僞矣。按八宮，卽九宮。除五黃入中。一白，二黑，三碧，四綠，六白，七赤，八白，九紫是也。九星，除廉貞入中。一貪，二巨，三祿，四文，六武，七破，八輔，九弼是也。九宮九星。本無固定之吉凶。須隨時運爲轉移。此謂貪巨武輔雄。乃吉凶已有固定。其立法之粗疏。不辨自明矣。

惟有挨星爲最貴。洩漏天機祕。天機若然安在內。家活當富貴。天機若然安在外。家活盡退敗。五星配出九星名。天下任橫行。

此緊接上文而言。小游年卦例之不足恃。其最爲貴者，惟有挨星一法。第挨星爲最貴之說。蚤已洩漏矣。然挨星之所以爲最貴者。又在天機之安在內，安在外。以徵驗其家之富貴與敗退也。按挨星法，先須由排卦所得天卦之數。再須分有水朝迎與無水朝迎之兩局。有水者，以排卦所得之數。安於坐山。從坐上起星。無水者以排卦所得之數。安於向首。從向上起星。依九宮順序挨之。卽得星之與卦。吉凶一致矣。安在內，卽是挨得之吉星。同在三般卦之內。安在外，反將挨得之吉星。安在三般卦以外。卽葬經所云地吉葬凶者是。五星，卽五行也。配出九星名，卽以排卦之河洛五行。配出挨星之九星五行。自然星，卦合爲一轍。天地配成一氣矣。能知挨星爲最貴。卽普天之下。祇此一理。祇此一法，而已。故曰天下任橫行。非夸大其詞也。

干維乾坤艮巽壬。陽順星辰輪。支神坎震離兌癸。陰卦逆行取。分定陰陽歸兩路。順逆推排去。知生知死亦知貧。留取教兒孫。

此承上文，而言挨星法。須從排卦後，再起挨星也。按天干之壬，丙，甲，庚，與四維之乾，坤，艮，巽本皆屬陽。其排卦中，乾得地卦九。坤，得地卦三。艮得地卦七。巽，得地卦一。亦均爲陽數。至壬，丙，甲，庚本皆屬陽。惟壬，得地卦一。而丙，得二。甲，得八。庚，得四。除壬得一，爲陽數外。餘如丙，甲，庚，均變爲陰數矣。故曰干維乾坤艮巽壬。陽順星辰輪。支神者，支，卽地支。神，卽通神之一卦也。坎，震離兌，卽子，卯，午，酉也。其通根法，子通午。而午在六。卯，通酉。而酉在八。午，通子。而子在四。酉，通卯。而卯在二。以其通神之卦。在六，八，四，二，亦均爲陰數。癸本天干四陰之一。何以綴在地支之後。因癸之通神在巳，與申。於定卦，巳在二。申在四。以其通神之卦。均爲地支。且二，與四。均爲陰數。故曰支神坎震離兌癸。陰卦逆行取。是則一陰一陽。分爲兩路。順輪逆取。亦分兩法。依此推排。卽可知其或生，或死，或貧矣。因挨星之可貴，如此。且其挨法之繁複，又如此。未便輕以示人。故鄭重而曰留取教兒孫。

天地父母三般卦。時師未會話。玄空大卦神仙說。本是此經訣。不識宗枝莫亂傳。開口莫胡言。若還不信此經文。但覆古人坟。

此緊接上文而言挨星法。須先明排卦而後可以起挨星。故不嫌重複，而曰天地父母三般卦。因三般卦，時師未會言及。不知玄空大卦。貴若神仙傳說者。卽此三般卦。而此經之祕訣。亦不過此三般卦也。第不識其宗之所在。何由知其枝之所在。卽謂不知其父母卦之所在。無從定其爲天卦，地卦。卦尚未定。則星從何處挨起。故轉言相戒曰，不識宗枝莫亂傳。開口莫胡言。又恐人不信此經，所言星卦之有徵驗。但稽古人已往之坟。能合此經文者吉。不合此經文者凶。可作前鑒也。

分郤東西兩個卦。會者傳天下。學取仙人經一宗。切莫亂談空。五行山下問來由。入首便知蹤。

此亦丁寧相囑，而曰玄空大卦。不過一形，一氣。一實，一虛。分爲東西兩個卦而已。倘能將地形天氣形實氣虛之理。一一會通之。卽傳遍天下。亦不致禍人家族。第欲學取仙人之經。須先識得其宗。然後可以識其枝。倘未識其宗。於天卦，地卦。從何排定。則星亦無從挨起。就是亂談空矣。欲學仙人之經。先須取得一宗。其宗何在。卽在此山之下。定其五行之所屬。再覓此山以上之來由。與此山之五行，有無尅賊陰陽，有無差錯。卦氣有無出位。且對於入首一節。尤宜慎重。便知蹤者，卽謂於入首一節。便須問其來由。以知其蹤跡。始得定其取舍。而用排卦與挨星等法也。

分定子孫十二位。災禍相連值。千災萬禍少人知。尅者論宗枝。

上文所言星，卦。原無固定之位。要從臨時挨，排，而得之。若以二十四山，分定作二十四位。則活潑潑之玄空法。變成死板格局矣。倘依此法而用之。必致叠遭災禍。而時師少有知其災禍之所由來。甚至千災萬禍，接連相值。猶未明其所以致此之故。甚可惜也。其故維何。卽在祖宗受尅。其子孫自然受傷。所謂枝葉未有害。本實先撥者，是此。恐時師僅知分子孫爲十二位。更告以尅字之義。先須論其宗而後及其枝也。

五行位中出一位。仔細祕中記。假若來龍骨不眞。從此誤千人。

此緊接上文而言尅者論宗枝之要。在五行位中之出，不出。以論宗枝之尅，不尅。須知此五行，非羅經上，擺明之五行。乃排卦中，河洛數之五行也。例如壬子癸，皆屬水。何以山上，壬子不可兼。子癸卽可兼乎。且癸，與丑，不同卦。而亦可兼者。因山上排卦。壬三，子九。不相配合。因金，尅木也。子九，癸六。得合十五。因金生水也。癸屬坎。丑屬艮。在羅經上，是出卦。於排卦中，癸六，丑亦六。同在六乾卦內。卽不出位也。故密囑而曰，仔細祕中記。卽謂從排卦之祕訣中記之也。若能於排卦中相配合。又能不出位。其龍骨始眞。否則，卽是龍骨不眞。焉能結穴。故曰從此誤千人。形巒，稱龍。理氣，爲骨。世人有謂理氣不足恃者。眞盲瞎之徒也。

一個排來千百個。莫把星辰錯。龍要合向向合水。水合三吉位。合祿合馬合官星。本卦生旺尋。合吉合凶合祥瑞。何法能趨避。但看太歲是何神。立地見分明。成敗斷在何公位。三合年中是。

此承上文，而言排卦與挨星法。雖變化多端。但得定卦，定星，後。以徵其吉凶。自然毫釐不爽。其最要之點。莫把星辰挨錯。求其龍與向合。向與水合。水，與三吉位合，且與祿馬，官星，亦無一不合。其種種之能悉合者。可一言以蔽之曰，止在本卦生旺中尋。凡與本卦合生旺者吉。遇衰敗者凶。若要趨吉避凶。而悉合於祥瑞。但看當令之太歲是何神。其吉凶之分明。不啻立地相見。且可斷定其在何公位也。三合年中是。卽謂卦吉星吉。而時又當令。得三者會合。無不吉矣。反之者皆凶。其趨避之法。卽盡在莫把星辰錯，一言中也。

甲庚壬丙俱屬陽。順推五行詳。乙辛丁癸俱屬陰。逆排論五行。陰順陽逆不同途。須向此中求。九星雙起雌雄異。元關眞妙處。

此亦先言排卦而後及挨星也。甲庚壬丙陽。乙辛丁癸陰者。卽羅經上之紅字爲陽。黑字爲陰也。陽用順推。陰用逆推。卽不分山水。俱以通根字之陰陽。分順逆也。按排卦法。水裏以通根之字。分陰陽順逆。故水裏壬通未。未爲陰。逆排。癸通申。申爲陽。順排。固矣。設山上。亦以通根之字。分陰陽。亦無不陽順而陰逆也。因山上。以坐山之字。分陰陽順逆。山上壬通辰。癸通巳。壬爲陽。逆排。不知其通根之辰。原屬陰也。癸爲陰。順排。不知其通根之巳。原屬陽也。倘以甲庚壬丙屬陽。俱用順推。乙辛丁癸屬陰。俱用逆推。是則活潑潑地之玄空學。成爲死板規矣。故下文曰。陰陽順逆不同途。卽謂陰陽雖分有順逆。而山上與水裏之排卦法。又絕不同途也。故諄囑曰。須向此中求。卽囑其須向排卦法中。求之耳。九星者。卽游行於九宮之星。而去其中五也。雙起者，卽坎宮之壬癸。離之丙丁。震之甲乙。兌之庚辛。以及乾坤艮巽宮之辰戌丑未寅申巳亥。無不雙雙起。且各有一雌一雄之異。又非甲庚壬丙，以陽爲雄。乙辛丁癸以陰爲雌。須以排卦中之奇數爲雄。耦數爲雌也。譬如壬，在山上，排在三。在水裏，排在一。癸在山上，爲六。在水裏，爲八。卽以壬爲雄，癸爲雌也。丙在山上，爲四。在水裏，爲二。丁在山上，爲七。在水裏，爲九。反以丙爲雌，丁爲雄也。甲在山上，爲一。在水裏，爲八。乙在山上，爲三。在水裏，爲六。庚在山上，爲七。在水裏，爲四。辛在山上，爲九。在水裏，爲二。是則在山上，甲庚乙辛，皆爲雄。在水裏甲庚乙辛，皆爲雌也。故曰九星雙起雌雄異。元關眞妙處。元卽天元也。關卽竅也。卽謂能知九星雙起雌雄異。卽可得天然之竅。有眞相配合之妙處矣。

東西二卦眞奇異。須知本向水。本向本水四神奇。代代著緋衣。

東西二卦。卽山坐一卦。向首一卦也。眞奇異，卽以一坎甲午亥之坐。配四巽庚子巳之向。得一四合五。有天然相配之奇異。又須知向，與水。本同一氣。不知一坎之水。又有壬巽寅，在。則向，與水。亦得一四合五。故曰須知本向水。且向上有二神。水上亦有二神。故稱四神。如得四神之方位。排山有山。排水，有水。則益見奇特，而富貴久長。故曰本向本水四神奇代代著緋衣。卽謂山，向，水，三者。均在本卦之內。其福力之大而且久。不可限量矣。

水流出卦有何全。一代作官員。一折一代爲官祿。二折二代福。三折父母共流長。馬上錦衣遊。馬上斬頭水出卦。一代爲官罷。直山直水去無翻。場務小官班。

此緊接上文，而言水之斷驗也。水不出卦，須折折要在父母本卦之內。如一折，或二折，卽出卦者。只許其一代，二代，爲官受福。能至三折，仍在父母本卦內者。方許其富貴而迅速。馬上斬頭水出卦。言其水短，而折少。仍以一代斷之。直山直向去無翻。言其山水之脈路雖長。不曲折而直去，不回頭而翻身者。決非大局。亦只許其場務小官班而已。此卽靑囊序所云，富貴貧賤在水神。水是山家血脈精之意也。

內傳下

乾山乾向水朝乾。乾峯出狀元。卯山卯向卯源流。驟富石崇比。午山午向午來堂。大將值邊疆。坤山坤向水坤流。富貴永無休。

此從玄空排卦，所得山向水，同在一卦，之斷驗也。舉兩正兩維之局，以例其餘。乾，卯，午，坤，四山。在排卦內，即巽，酉，子，艮四山也。其四向，即羅經上乾，卯，午，坤，四向也。其四水，亦排卦內午，坤，乾，卯，四水也。乾山，乾向，乾水，即六乾中之巽山。九離中之乾向。六乾中之午水。合金水一局。因係向生坐。要向上有山。須再得乾峯起。始有應驗。故曰乾峯出狀元。卯山，卯向，卯水，即三震中之酉山。二坤中之卯向。三震中之坤水。合木火一局。因係坐生向。要向上有水。須水源自卯來。始有應驗。且主迅速，而驟富比石崇。午山，午向，午水，即九離中之子山。六乾中之午向。九離中之乾水。合金水一局。因山，與水。皆去生向。須面前堂局，來得恢宏。不過應在遠方。故曰午來堂，大將值邊疆。坤山，坤向，坤水，即二坤中之艮山。三震中之坤向。二坤中之卯水。合木火一局。且得向來生我。其去水又來比我。而福力更大。故曰富貴永無休。

辨得陰陽兩路行。五星要分明。泥鰍浪裏跳龍門。渤海便翻身。

此承上文，而言乾，坤，本紅字爲陽。而排卦在陰數。卯，午，本黑字爲陰。而卦排在陽數。且山屬陰者，得陽水以配之。山屬陽者，得陰水以配之。則一路歸一路。要辨得清楚。故曰辨得陰陽兩路行。五星，即五行。其陰陽既分兩路。且要在五行中之生入，生出者。亦分得明白。自然賤如泥鰍者，亦得貴而爲金龍。可向渤海翻身矣。即謂山，向，水，能在一卦者。雖小地，亦可大發。倘山，向，水，各自爲政者。雖局大，亦無所用之也。

依得四神爲第一。官職無休息。穴上八卦要知情。穴內要裝淸。

此恐後學專重向，與水。忘却穴上，與穴內，之卦氣。而謂向上二神。與水裏二神。原屬貴重爲第一。可得官職無休息。倘於穴上之來氣。有陰陽差錯，雌雄不交，之弊。即於穴內之聚氣，雜亂不淸。雖得向水之四神。亦不能發福。故重言以申明之曰，穴上八卦要知情。穴內要裝清。知情者，卽陰陽配合。雌雄交媾之情也。裝清者，卽陰陽不可差錯。老少亦要分清之謂也。

要求富貴三般卦。出卦家貧乏。寅申巳亥水來長。五行向中藏。辰戌丑未叩金龍。動得永無窮。若遇借庫富後貧。自庫樂長春。

三般卦者，卽父母卦。天卦與地卦也。不出卦，須山，向，水，三者。同在一卦之內也。寅申巳亥四陽支實爲丁癸辛乙四陰干，水裏之父母卦。水來長，卽謂丁癸辛乙之四水。其源流要從寅申巳亥來。五行向中藏。卽謂亥山巳向。而得寅水。就是四之向，生一水，一山，合金水一局。巳山，癸向。而得辛水。就是八之向。生二山，二水，合木火一局，申山寅向。而得巳水。就是四水四山，生一之向。亦合金水一局。寅山申向。而得癸水。就是八山，八水，生七之向。亦合木火一局。故曰五行向中藏。辰戌丑未，四陰支。實爲壬丙庚甲，四陽干，山上之父母卦。叩金龍，卽謂壬丙庚甲之龍。要叩問其，是否從辰戌丑未來也。果得從辰戌丑未來者。始得稱爲金龍。始可許其動得永無窮。

庫者，儲財之所。卽水所匯歸之處也。借者，卽向他卦，而借用之。自者，卽本卦內，所自有也。借者，卽一運之山而收四六九之水。自庫，卽一運之山，收本運本卦之水。餘類推。借，則不過借其相合而有償還之日。故曰富後貧。自，則運與卦，皆我所自有。故曰樂長春。此節，當分三段。首次二句。重提三般卦之可貴。以引起下文。中四句言三般卦中要看重在父母一卦。末二句。言收水之法，雖向他卦爲借庫。總不及在本卦之自庫。既美且久也。

大都星起何方。是五行長生旺。大旆相對起高岡。職位在學堂。捍門官國華表起。山水亦同例。水秀峯奇出高官。四位一般看。

此言挨星法，須從排卦所得之數。又在形巒上，分有水朝迎。與無水朝迎，之兩種。故曰大都星起何方。是卽謂起星之數。由排卦而定起星之位。又由形巒而分。初無固定之方位也。解見內傳中，第二節。惟有挨星爲最貴，句中。五行長生旺。卽謂挨星之九星五行。與排卦之河洛五行。同得長生者，自然興旺矣。且挨星，無分山水。倘在山龍。於大旆相對起高岡處。而得挨星之長生者。其職位之貴，固在學堂。如在水龍。於捍門官國華表起處。亦得挨星之長生者。可與山龍一例同斷。故總結而曰，水秀峯奇出大官。四位一般看。卽謂起挨星時。有有水與無水之分。得定星後。無山上與水裏之別也。

坎離水火中天過。龍墀移帝座。寶蓋鳳闕四維朝。寶殿登龍樓。罡刼吊殺休犯。著四墓多鏘鑠。金枝玉葉四孟裝。金廂玉印藏。

此節乃玄空學山，水，向，排卦之總口訣。不明言羅經二十四字。而均用別名。且舉一，以令人反三也，坎，離，在天爲日月。在地爲水火。於先天卦，位乎東西。後天位乎南北。萬象萬物。非此不能生化。對於玄空。尤爲特重。而曰坎離水火中天過。卽是玄空學之總綱領也。龍墀，子之別名。帝座，午之別名。龍墀移帝座。卽山上排卦。子反在九。午反在一。子午易位。則乾，坤，艮，巽，無有不易位者。此卽舉一子午。其餘可三反矣。寶蓋，卽坤。鳳闕，卽艮。寶殿，卽巽。龍樓，卽乾。均爲四維之別名。言四正之龍。用四維作朝。且用以收水也。按水裏排卦。坤之向水，旺在三。艮，旺在七。巽，旺在一。乾，旺在九。是則酉卯午子之山坐。須用坤艮巽乾之向水。其四維之山坐，須用四正之向水。亦可三反矣。故曰寶蓋鳳闕四維朝，寶殿登龍樓。此二句上一句，言四維爲四正作朝。則四正，亦爲四維作朝。下一句，卽承上文而言四正易位。則四維亦易位也。罡，刼，吊，殺，卽辰，戌，丑，未之別名。而曰休犯著。多銷鑠。言此四支之水。俗稱四墓。第玄空不言四墓。其名雖凶。能用之得時。亦作吉論。但不能於正山正向，用之。卽本經內傳上第十一節，所云正山正向水支流。寡夭遭刑杖之謂也。然七運之庚山而得辰水。六之丑，得戌水。三之壬，得丑水。九之辰，得未水。均屬同卦同運。不以名凶而棄之。金枝玉葉。金廂玉印，卽巳，亥，寅，申之別名。金枝玉葉四孟裝。卽巳山上在二。水裏在四。亥，山上在一。水裏在三。均屬上元一氣。故曰四孟裝。金廂玉印藏。卽寅之山，坐，八。用申之向水，七。得七八合十五。申之山坐，四。用寅之向水，一。得一四合五。故曰金廂玉印藏。擧一寅申而巳亥之一四合五。二三合五。亦可隅反矣。

帝釋一神定縣府。紫微同八武。倒排父母養龍神。富貴萬餘春。

此於二十四山向中。特提向丙。坐壬。與坐亥。向巳者。最爲尊貴之局。帝釋，丙之別名。紫微，八武，亥壬之別名。言向丙而坐壬可知。言坐亥而向巳可知。因排卦中，壬山在三。丙向，在二。亥山，在一。巳向，在四。皆得合五。且均屬天地之生數。所以爲最貴也。故曰帝釋一神定縣府紫微同八武。特爲提明耳。至倒排父母養龍神。富貴萬餘春二句。乃總結上節而言，卽龍墀移帝座。至金廂玉印藏。無一非倒排父母。能知倒排一法。則龍神得養。自然富貴悠久，至萬餘春矣。

識得父母三般卦。便是眞神路。北斗七星去打刼。離宮要相合。

此承上文。而言要倒排父母。須先識得父母卦。能識得父母卦。然後可排定其爲天卦，與地卦。既得天地卦。則三般卦之眞神路。卽在是矣。然此猶是排卦中，一成不變之法。欲知其變通。惟有七星打刼一法。打刼云者，卽本非我有。又非其時。奪取而借用之謂也。按北斗七星。惟斗口二星，與斗杓二星，旋轉不休。最關時運之得失，故取以爲用。卽一貪與六武。二巨，與七破。是也。譬如一六運。而借用四九。二七運而借用三八。如四九，三八，與一六。二七。本不同宮。謂之離宮，然一四得合五。六九得合十五。二三得合五。七八得合十五。雖離本宮而得與本宮相合。故曰離宮要相合。卽謂能得與本宮相合。雖離去本宮者。亦得奪取而借用之也。

子午卯酉四龍岡。作祖人丁旺。水長百里佐君王。水短便遭傷。

子，午，卯，酉。四正之天元龍也。爲卦中之父母。其氣最旺。言四正，則乾坤艮巽之四維。可例推矣。卽謂能得天元龍作祖山。主大旺人丁。故曰子午卯酉四龍岡。作祖人丁旺。既得天元龍之祖山。又能得天元宮之水。源遠流長，至百里者。不僅大旺人丁。且可得官祿，而佐君王矣。若水之源流不長。或源流雖長，而一折便出卦者。均作水短論。卽非發福之地，而反遭傷矣。此卽青囊序所云，水主財祿山人丁，之意也。

識得陰陽兩路行。富貴達京城。不識陰陽兩路行。萬丈火坑深。

此承上文而言一山一水之陰陽。亦屬有排卦法。山上，以坐山之字，分陰順陽逆。水裏以通根之字，分陽順陰逆。其配合之法。又以河洛數之一，三，七，九，爲陽。二，四，六，八，爲陰。須分得一絲不亂。然後可爲識得陰陽兩路行。依法用之。自然旣富且貴。可達京城。否則，陰陽不相配合。雌雄不得交媾。以致凶煞疊出。故更丁寧相囑曰。不識陰陽兩路行。萬丈火坑深。言其禍至之烈。如萬丈之火坑也。

前兼龍神前兼向。聯珠莫相放。後兼龍神後兼向。排定陰陽算。明得零神與正神。指日入青雲。不識零神與正神。代代絕除根。

此節之言前前，後後者。乃排卦法。因前與因後之前後。非僅在坐山之後龍，與前向，分前後也。前兼龍神前兼向。聯珠莫相放。卽謂前因看明羅經上之紅字爲陽。黑字爲陰。不可紊亂。無論龍，與向，須紅與紅兼。黑與黑兼，如聯珠然。切莫放寬。以致差錯。後兼龍神後兼向。排定陰陽算。卽謂後因用排卦法，以奇數爲陽，耦數爲陰。亦無論龍，與向。須一奇，一耦。配成合五，合十。合十五者。始可兼用。所以要排定陰陽。算明得零神與正神。指日入青雲。即總結上四句，而言排卦。挨星，推運，三者均有零正之別。以羅經，與排卦，言即正卦，爲正神。旁爻爲零神。卦兼爻，係父母帶子息。爲正神爻兼卦，係子息帶父母。即零神矣。以挨星與推運，言即星運當令者。爲正神。不當令者，爲零神矣。倘能明得卦，與星，與運三者均是正神而用之。自然指日入青雲。倘不識此三者，而胡亂爲之。自然代代絕除根。學玄空者，可不於排卦挨星推運三者。三致其意乎。

倒排父母是眞龍。子息達天聽。順排父母到子息。代代人財退。

此總結上六節，所謂龍墀移帝座。至金廂玉印藏，而言排卦之法。無論父母子息。皆用倒排。即山上排卦。午至一，子至九，甲至一，辰至九，亥至一，辛至九。水裏排卦。巽至一，乾至九，壬至一，未至九，寅至一，丁至九者。是也。按玄空二字。玄即天也。空即氣也。地形在此，而天氣必在彼。所謂氣從對面來者，是也。以其氣在對面。必須倒排以迎之。得氣者，能生旺。故曰子息達天聰。倘用順排，即失氣矣。失氣者致衰敗。故曰代代絕除根。學玄空者，可不慎哉。

一龍宮中水便行。子息受艱辛。四三二一龍逆去。四子均榮貴。龍行位遠主離鄉。四位發經商。

此中言本經內傳下，第一節。所云乾山乾水，至坤山坤水。而謂山，須本宮卦內之山。水，須本宮卦內之水。始得發福久遠。子息房房受蔭矣。倘僅得結穴之處。山水同在本宮。一經逆溯。其水便出卦別行者。雖得一時之興旺。不久，將見其子息之受艱辛。倘能得自四而三，而二，而一。從龍逆溯。其水仍不出卦者。則孟，仲，叔，季，四房之子。均得榮貴。倘若龍行位遠。偶一出卦。仍能流歸本卦者。主諸子離鄉，得經商致富而還鄉。即謂水之出卦，不出卦。其徵驗有如此者。

時師不識挨星學。只作天心摸。東邊財穀引歸西。北到南方推。老龍終日臥山中。何嘗不易逢。止是自家眼不的。亂把山岡覓。

此承上文而言欲得山水,同在本宮卦內。須從排卦,與挨星,以定之。而當時之地師。不識挨星學。只知以五入中作爲天心。從羅經上,固定之東南西北,以摸索之即誤矣。不知挨星學中。有東反在西。西反在東。南反在北。北,反在南。或四正反在四維。四維,反在四正。顛倒變易之不同。能知顛倒變易。雖山水之有定位無定時。有定時,無定位者。均可從挨星以定之。則老龍終日臥山中。何嘗不易逢乎。止是自家無眞眼力。無眞學識。以致胡行亂走。終不能得眞地。此爲不識玄空學者。深致其歎息也。

世人不知天機祕。泄破有何益。汝今傳得地中仙。玄空妙難言。翻天倒地更元元。大卦不易傳。更有收山出煞訣。亦兼爲汝說。相逢大地能幾人。個個是知心。若還求地不種德。穩口深藏舌。

此經,至終篇。特然結出種德二字。卽申明此經,以天玉,命名之義也。說見上,題解中。凡人能種德者,卽可感召天心。自有天機以應之。無如世人,僅知求地。不識冥冥中，有天機感召之祕。茲雖一言泄破。奈世人，仍鮮種德者，何。故曰世人不識天機祕。泄破有何益。楊公既以玄空眞訣，傳授曾公安。師弟更私相慶幸曰，汝今傳得地中仙。玄空妙難言。即謂玄空中，有難言之妙。今已傳得。汝亦即是地中仙矣。翻天倒地更元元。大卦不易傳。即謂玄空之妙。固在翻天倒地。不知天地未開闢以前。有乾坤二元，預爲主宰。始得天地定位。水火既濟。雷風相薄。山澤通氣，之四大卦。成四大玄空之局。不可輕易傳授者也。然四大之局。未必週迴山水。盡善盡美。所以更有山水之果吉者。如何收得來。山水之有煞者。如何出得去。故又曰，更有收山出煞訣。亦兼爲汝說。其訣維何。亦只有排卦，與挨星，兩法。以定之。或用兼坐，兼向。或用吞，吐，饒，減。即可收山出煞矣。要知四大之局。即是大地。而大地，能得幾人相逢。適或逢之。亦須心知其人。素能種德者，方可與之。倘未遇種德之人。不如穩口深藏舌，之爲愈也。楊公之戒曾公安者，其旨深矣。

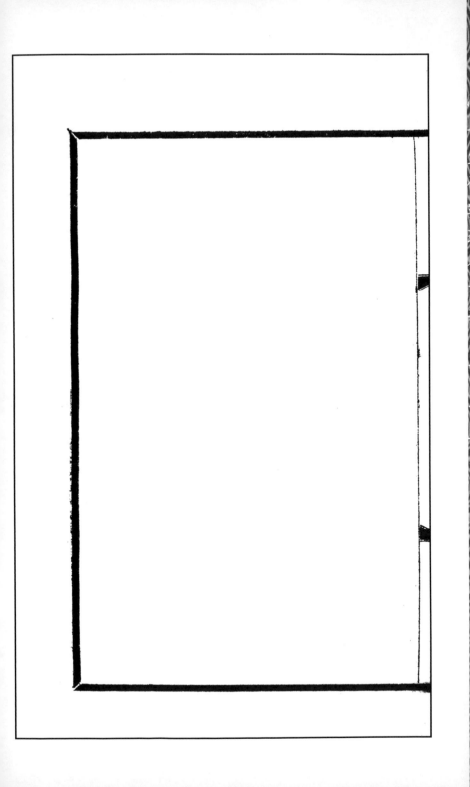

地理辨正揭隱

古剡王邈達箸
蕭然陳寅亮校

都天寶照經　楊筠松口授妙應之弟子筆錄

此經，乃楊筠松口授黃禪師妙應，玄空眞訣。由妙應之弟子，筆錄而成。因開口，卽稱楊公後又稱黃公者，可以證之。凡古今箸書之人，斷無妄自稱公之理。故知其爲楊公再傳弟子，所筆錄也。經分上中下三篇。上中二篇。先言巒形。次及理氣。下篇言水法。向首而歸結於挨星，與來龍。以都天寶照命名者，按都天卽十干之戊己，爲五行所集中。寶照者，卽天上之星光，明如寶鑑。照臨於下土適中之點也。

上篇

楊公妙應不多言。實實作家傳。人生禍福由天定。賢達能安命。貧賤安坟富貴興。全憑龍穴眞。龍在山中不出山。掛在大山間。若是沙曲星辰正。收得陽神定。斷然一葬便興隆。父發子傳榮。
楊公錄經者，尊稱楊筠松也。妙應，黃禪師名。相傳，係朱溫之軍師，俗姓黃氏。或云，卽黃巢敗後爲僧，亦無從考。當時楊公傳授妙應，盡是實學。而切於實用者。故曰楊公妙應不多言。實實作家傳。其傳授之時，首戒妙應，要知天安命。毋妄求大地。故曰人生禍福由天定。賢達能安命。卽謂欲學玄空，須先靜心淸慮之意也。人能靜心淸慮，自然心地光明。識見高超。始認得眞龍眞穴。於貧賤時安坆。卽可富貴而興旺矣。故曰貧賤安坆富貴興。全憑龍穴眞。龍在山中不出山。卽謂大山之中。龍身雖老。倘得一脈掛下。生出嫩枝。再得左右兩砂曲抱。落頭星辰端正。面前又能向陽。以及元神之水，亦收得定者。可斷定其必結地。一葬便興隆。而當代卽發矣。
好龍脫殺出平洋。百十里來長。離祖離宗星辰出。此是眞龍骨。前途節節出兒孫。文武蜿中分。直見大溪方住手。諸山皆不走。個個回頭向穴前。城郭要周完。水口亂石堆水中。此地出豪雄。若得遠來龍脫殺。發福無休歇。穴見陽神三摺朝。此地出官僚。不問三男並五子。富貴房房起。津湖溪澗同此看。衣祿榮華斷。大水大河齊到處。千里來龍住。水口羅星鎖住門。似大將屯軍。落頭定有一星形。非火土卽金。正蜄落。平三五里。見水方能止。二水相交不用砂。只要石如簾。更有峽石高山鎖。密密來包裹。此是軍州大地形。細說與君聽。

此緊接上文。言力量雄厚之好龍。就不肯留在山中。脫卸而出平洋。長至百里。數十里無定。第於離祖離宗之際。其變形。必一一成爲星辰。與衆山不同。始得認爲有骨格之眞龍。且向前行者。節節有兩砂衛護。親切如兒孫。或一邊文。一邊武。均從正龍本身分出。以作迎送。直見大溪橫攔。方行住手。一經住手。則左右諸山。皆止而不走。反將山頭。個個回轉抱向穴前。如城如郭。周遮完固。其去水出口之處。又有亂石堆在水中。使去水有去而欲留之狀。卽可斷其地之大。而出英雄豪傑。若得龍之脫卸遠來。知其龍身必長。故發福悠久。無休歇。又能得穴前之水。見其三折朝來。不惟主出官僚。且三男，五子，得房房富貴。如無特朝。或有津湖溪澗之水，在穴前放光。或在兩邊纏繞者。亦可斷其衣祿榮華。此歷敘脫刼出洋之龍。即管氏指蒙所云山三奇。赴臥盤。水三奇。橫朝繞者是也。直見大溪方住手。即赴龍，用橫水也。津湖作朝，是臥龍。溪澗作繞，是盤龍。稍有等次。其發福，亦略分大小也。凡大水大河齊到之處。即千里來龍所住之處。其水口。又有羅星鎖住門戶。似大將屯軍於營門之外。上言亂石堆水中。係內垣之小水口。此言羅星鎖住門，係外局之大水口。落頭定有一星。形非火土即金。乃補言好龍脫刼出洋，將近穴之處。又特起星辰。非尖如火，方如土，或圓如金者。而為少祖山。其正蜄，即落平洋。再行三五里。見有一水橫攔。方能止住。此言平洋穴法。與山上不同。但得隨蜄夾來之左右兩水相交。不拘定兩砂高起。只要穴後與穴心。有石脊出現。隱隱隆隆，而如麻者。即是眞龍眞穴矣。一俟得穴後。再看其出水之方。有峽，石高山鎖住，密密包裹者。此即可作府州縣之大地。不僅結墓穴而已。楊公係唐人。唐制，稱軍州，猶今之稱府州縣也。故不厭詳盡，爲君細說之。卽謂平洋之結穴。與山中，不同。其福力之大小，亦不同也。

天下軍州總住空。何曾撐着後頭龍。只向水神朝處取。莫說後無主。立穴動靜中間求。須看龍到頭。

此承上文，而言凡軍州大地。總住在空曠中。何曾若山龍，之必要撐着後頭龍也。只要趨向水神所朝之處。以取裁之。莫說後面無主山而舍棄之也。若說在平洋，立爲墓穴者。亦卽於蜄動，水靜，之中間求之。卽得看平洋龍，到頭之訣矣。因山本靜也。欲求其動。水本動也。欲求其靜。動靜變化。卽是陰陽配合。雌雄交媾。亦卽是龍到頭。可立爲墓穴矣。

楊公妙訣無多說。因見黃公心性拙。全憑掌上起星辰。類聚裝成爲妙訣。大山喚作破軍星。五星所聚蜄難分。但看出身一路蜄。到頭要分水土金。又從分水蜄脊處。便把羅經照出路。節節同行過峽眞。前去必定有好處。子字出蜄子字尋。莫教差錯丑與壬。若是陽差與陰錯。勸君不必費心尋。

上二節，一言大山。一言平洋。均爲形巒立言。此節，方說到理氣。然理氣中。
有排卦，挨星，推運，等法。其法維何。全憑掌上指紋。分作九宮。以便排卦，挨
星，之用。而其用法。又有山水通根訣，排山訣，排水訣，兼字訣，挨星訣，之不
同。非類聚以裝成之。即紊亂而無緒。類聚者，卽易繫辭所云，方以類聚。言
從各方分類以會聚之義也。又不在大山中用起。因大山，只喚作破軍星。
盡是高大雄厚。五星雜聚。脈路難分，故也。但須在脫卸落平之後，再起星
辰。或曲如水。方如土。圓如金，之少祖山。看其兩水分開。脈脊凸起，之處。便
把羅經，對照其出脈之路。得能節節同在一卦中行去者。乃是眞龍。以定
其前行之脈。必能結眞穴。而有好處矣。至用羅經法。卽舉一坎卦，以爲例。
坎中之正卦，子。右壬，而左癸。壬，以紅字，爲陽，子，癸均黑字，爲陰。倘出脈處，
是子字。其前行過峽起頂。亦要節節是子字。故曰子字出脈子字尋。何又
曰莫教差錯丑與壬。因丑，在艮卦。壬，爲紅字。子轉丑，則出卦。子帶壬，則陰
陽不淨。惟子，與癸，均是黑字。且子，於排卦爲九。癸，於排卦爲六。得九，六，合

十五。故曰莫教差錯丑與壬。不言癸者。則子可兼癸。自在言外矣。若是子字出脈而帶壬者。即是陽差。而轉丑者。即是陰錯。出脈一有駁雜。已知其前去之龍。必無好處矣。故戒曰。不必費心尋。

子癸午丁天元宮。卯乙酉辛一路同。若有山水一同到。半穴乾坤艮巽宮。取得輔星成五吉。山中有此是眞龍。

此即玄空眞訣也。不正言子午，卯酉，乙，辛，丁，癸。必錯舉子癸，午丁。卯乙，酉辛者。非故意參差其辭。實示人以玄空作法。乃如此耳。按玄空排卦法。山上，與坐穴。子，在九。癸，在六。可兼。水裏與向首。子，在四。癸，在八。不可兼。山與坐。卯，在七。乙，在三。可兼。水與向。卯，在二。乙，在六。不可兼。水與向。午，在六。丁，在九。可兼。山與坐。午，在一。丁，在七。不可兼。水與向。酉，在八。辛，在二。可兼。山與坐。酉，在三。辛，在九。不可兼。此所以不正言子午卯酉，乙辛丁癸者。即詳示人以玄空作法也。故曰子癸午丁天元宮。卯乙酉辛一路同。即謂子癸，卯乙。爲山上之天元。午丁，酉辛，爲水裏之天元也。若有山水一同到，一句。

卽承上文，而言子癸，卯乙，在山坐可兼。午丁，酉辛，在向水可兼。并啓下文，半穴乾坤艮巽宮，之義也。按子午卯酉，爲四正。乾坤艮巽，爲四維。乙辛丁癸，爲四正之人元。何以曰半穴乾坤艮巽宮耶。不知山上之癸。與水裏之午，乙。均排在乾。而水裏之卯，辛，排在坤。酉，癸，在艮。子，在巽。以山上之子午，卯，酉，乙，辛，丁，癸。合水裏之子午卯酉，乙辛丁癸。共十六字。而此適得癸午，乙，卯，辛，酉，癸，子，之八字。爲十六字，之半。同在乾坤艮巽宮之中。故曰若有山水一同到。半穴乾坤艮巽宮。又曰取得輔星成五吉，何耶。子午卯酉，祇四個字。乙辛丁癸，亦祇四個字。何以忽言五吉。且乙辛丁癸，原爲子午卯酉之輔星。祇四個字。何以得成五吉。按山上之乙辛丁癸。癸中有亥。水裏之乙辛丁癸。丁中有巳。於山上，加一亥。水裏，加一巳。適得成五。故曰取得輔星成五吉也。然此，僅爲天元宮，舉一例。猶未盡天元之用耳。如水，與向。壬，在一。子，在四。可兼。山，與坐。壬，在三。子，在九。不可兼。水，與向。甲，在八。卯，在二。可兼。山，與坐。甲，在一。卯，在七。不可兼。山，與坐。丙，在四。午，在一。可兼。水，與向。丙，在二。午，在六。不可兼。山，與坐。庚，在七。酉，在三。可兼。水，與向。庚，在四。酉，在八。不可兼。是則子癸與卯乙。午丙與酉庚。山與坐，可兼而水與向，不可兼子壬與卯甲午丁，與酉辛水與向可兼而山與坐不可兼也結句云，山中有此是眞龍。因天元龍，僅得子午卯酉之一字單行者。非是不眞。惟嫌其力量不足此眞字，係眞美善之眞非眞假之眞也。如山上子兼癸卯兼乙。始得爲眞美善之山龍。水裏午兼丁酉兼辛。始得爲眞美善之水龍。故曰山中有此是眞龍。舉一山上而水裏，可知矣。

辰戌丑未地元龍。乾坤艮巽夫婦宗甲庚壬丙爲正向。蜄取貪狼護正龍。

此玄空眞訣。言地元龍，專取正龍正向。不可兼左兼右。且示人以父母通根法。與地元龍，須用地元向也。辰，戌，丑，未之四支。原在乾，坤，艮，巽，卦內。可稱爲夫婦。而其通根。在甲，庚，壬，丙之四干。且向首排卦。甲在艮。庚在巽。戌，在乾。丙，在坤因壬易以戌。故戌在乾也。是則甲庚壬丙。雖在子午卯酉卦內。而向首之排卦。轉屬於乾坤艮巽之宮中矣。按排卦法。須先覓通根。然後可以起卦。如辰，通壬。戌，通丙。丑，通庚。未，通甲。是則乾宮之壬。坤宮之丙。艮宮之甲。巽宮之庚。即爲辰戌丑未之宗矣。故曰辰戌丑未地元龍。乾坤艮巽夫婦宗。即謂夫婦在此。而其宗亦在於此矣。如辰龍，戌向。丑龍，未向。甲龍，庚向。壬龍，丙向。或丙龍，壬向。庚龍，甲向。未龍，丑向。戌龍，辰向。因地元龍，不能兼左兼右。故用正龍正向。且丙辰與辰丙。得四九爲友。壬戌與戌壬。得三八作朋。庚未與未庚。得二七同道。甲丑與丑甲。得一六共宗。故曰甲庚壬丙爲正向。蜄取貪狼護正龍。即謂地元祇取正向。乘正龍與天人兩元。廣收五吉者，有殊。不言輔星，而輔已在其中者。亦猶山上之辰戌丑未。以丙易辰，而辰仍在水裏之辰戌丑未。以壬易戌。而戌仍在山上之甲庚壬丙。以辰易丙。而丙仍在水裏之甲庚壬丙。以戌易壬。而壬仍在。是則山上之辰戌丑未加丙。水裏之辰戌丑未加壬。山上之甲庚壬丙加辰。水裏之甲庚壬丙，加戌。亦均成爲五吉者也。

寅申巳亥人元來。乙辛丁癸水來催。更取貪狼成五吉。寅坤申艮御門開。巳丙宜向天門上。亥壬向得巽風吹。

此玄空眞訣，言人元龍，須用人元水。亦以父母之通根，取其爲貪狼也。按排卦通根法。寅通丁，申通癸，巳通辛，亥通乙。以寅申巳亥之龍。遇丁癸辛乙之水。均得取爲貪狼者。因丁癸辛乙，爲寅申巳亥，通根之父母而貪狼，爲九星發源之第一宿也。然丁癸辛乙，祇四個字。而曰五吉者。因水裏之乙辛丁癸以巳。易丁。而丁仍在。卽於乙辛丁癸，加巳。得成爲五吉也。故曰寅申巳亥人元龍。乙辛丁癸水來催。更取貪狼成五吉也。其取貪輔成五吉之法。因山上排卦，甲庚壬，乙辛丁，皆奇而丙癸，耦。丑未戌，寅申巳，皆耦。而辰亥奇。適得丙辰，與癸巳相互並用。水裏排卦甲庚丙，乙辛癸皆耦而壬丁，奇丑未辰，寅申亥，皆奇而戌巳耦。亦得壬戌與丁巳相互並用。故均可取得成五吉者也。至寅坤申艮，御門開者因山上坤寅，同排在八艮。水裏艮申，同排在七兌。艮兌爲山澤通氣。且先天之艮兌，居後天乾巽之位。而羅經寅本在艮。申本在坤。是則寅坤申艮，同得乾坤艮巽四氣之全。按玄空法，稱乾坤艮巽，爲御門。故曰御門開。是則坤申，與艮寅。可兼山，兼水，兼坐，兼向也。又恐後人誤用巳丙，與亥壬。故申言之曰，巳丙，宜向天門上。亥壬向得巽風吹。因山上，巳二，丙四。水裏，丙二，巳四。山上，亥一，壬三。水裏，壬一，亥三。均不可兼。祗得去丙，就巳。而向亥。以趨乾氣。因乾爲天門也。去亥，取壬。而向丙。以避巽氣。因巽爲風卦也。故曰寅坤申艮御門開。巳丙宜向天門上。亥壬向得巽風吹。卽謂坤申，艮寅，均可兼。巳丙，亥壬，均不可兼也。

貪狼原是發來遲。坐向穴中人未知。立宅安坟過兩紀。方生貴子好男兒。

此承上文，而言人元龍。寅申，巳亥，本紅字，爲陽。第其通根之乙，辛，丁，癸，均黑字，屬陰。且貪狼爲斗魁第一星。係渾元陰精所秉。是則陽龍而遇陰水，陰星。反主靜，而發越較遲。故曰貪狼原是發來遲。坐向穴中人未知。卽謂發越之遲速。全憑水神與星光，以定之。不在坐，向，穴，三者之中分辨。爲人所未知也。立宅安坟過兩紀。方生貴子好男兒。卽斷其發越之遲。須在兩紀者。因六甲之運轉。要至十九年。始得對宮之運星。來衝動龍神。龍神一動。方能發越，而生貴子好男兒。矣，譬如寅申巳亥之龍。得乙辛丁癸之水。於甲子旬中下葬，得壬午一衝。甲戌得壬辰。甲申得壬寅。甲午得壬子。均相隔十九年者。是也。餘可例推。

立宅安坟要合龍。不須擬對好奇峯。主人有禮客尊重。客在西兮主在東。

此節首一句，即補救上文。恐後世之言地理者，專在水神與星光，討消息。而忘卻後來之龍神。即以啓下文。且不須以朝對好奇峯。爲主要也。故曰立宅安坟要合龍。不須擬對好奇峯。謂從上而說。不須以發越之遲速。而專注意於水神與星辰。就下而說。不須以朝對之好醜，爲標準。只要在龍神之合不合也。主人，即後龍也。有禮，即易文言所云嘉會足以合禮之禮。如後龍之爲主人者。得嘉會足以合禮。其客山客水，之在賓位者。亦自然以禮貌相周旋。無不面面是情矣。客在西兮主在東。不過舉一西東，以爲例。而四正四隅。均可類推矣。

中篇

天下軍州總住空。何須撐着後來龍。時人不識元機訣。只道後頭少撐龍。大凡軍州住空龍。便與平洋墓宅同。州縣人家住空龍。千軍萬馬悉能容。分明見者猶疑慮。龍不空時非活龍。教君看取州縣場。盡是空龍擺撥蹤。莫嫌遠來無後龍。龍若空時氣不空。兩水界龍連生窟。穴得水分何畏風。但看古來卿相地，平洋一穴勝千峯。

此節重提天下軍州二語。楊公，深恐時人。印定看山耳目，以看平洋。仍須撐着後來龍。不知看平洋之元機妙訣。全在住空二字。又恐住空之龍。因爲能容千軍萬馬。專作軍州之用。不知在平洋立墓穴者。亦須住空龍也。故不嫌詳盡，反覆言之。因山龍，在山中，週迴逼窄。只得一起一伏，以作勢。洋龍，在平洋。四面空曠。始得一曲一折，以作勢。故空龍之行蹤。得東擺西撥而來。不若山龍之有起伏者，顯而易見。誰知洋龍，重在擺撥。須後愈空。其擺撥之勢，愈大。故其龍，愈活。其氣，愈足。然空龍之行蹤，將何以爲憑。全憑左右隨龍兩水，以覓之。其兩水。於行龍時，旣爲龍界。至到頭時，就連接以生龍窩。龍窩者爲龍所住之窩宅。卽穴也。平洋龍之結穴。已得水城爲之環繞。其氣自然完固。不畏八風之吹。此楊公之苦口婆心。教人以看平洋之法。猶恐人不見信。更引古來出卿相之地。以爲徵。而結之曰平洋一穴勝千峯。以致其丁寧之意也。

子午卯酉四山龍。坐對乾坤艮巽宮。莫依八卦陰陽取。陰陽差錯敗無窮。百二十家渺無訣。此訣元機大祖宗。來龍須要看龍穴。後若空時必有功。帝座帝車並帝位。帝宮帝殿後當空。萬代侯王皆禁斷。予今隱出在江東。陰陽若能得遇此。蚯蚓逢之便化龍。

此言子午，卯酉，乾坤，艮巽，非羅經上之四正，四維。乃排卦中，子之地卦四，卽巽。午之地卦六，卽乾。卯之地卦二，卽坤。酉之地卦八，卽艮。坐子，對午。卽坐巽，對乾。坐午，對子。卽坐乾，對巽。坐卯，對酉。卽坐坤，對艮。坐酉，對卯。卽坐艮，對坤。故曰子午卯酉四山龍。坐對乾坤艮巽宮。再以羅經之定位。與排卦之飛宮言之。譬如羅經上。子龍，坐乾對巽。即排卦中九龍，坐四，對一。龍，與坐。得四九爲友。坐與對。得一四合五。午龍，坐巽對乾。即一龍，坐六，對九。龍坐，得一六共宗。坐與對，得六九合十五。卯龍，坐艮對坤。即七龍，坐二，對三。龍坐，得二七同道。坐對得二三合五。酉龍，坐坤對艮。即三龍，坐八對七。龍坐，得三八作朋。坐對，得七八合十五。故又曰，莫依八卦陰陽。取陰陽差錯敗無窮。即謂四正四維之卦。均須從排卦之飛宮，以配陰陽。莫依固定之卦位，以取用。始免陰陽差錯。致衰敗無窮之弊。百二十家見唐書呂才傳。言說數，雖多。均不得訣。惟能知以此訣爲坐對者。乃是元機大祖宗也。果得其訣。須要從此訣中之來龍。與此訣中之龍穴。求其一一配合。若再能後空者。定可作帝王大地。不過此訣，爲歷代侯王所禁斷。故未便明言。楊公乘黃巢之亂。取得唐宮禁書之後。亦不敢明以示人。惟於天玉經，開卷。所說江東一卦。諸篇隱隱以示人也。有人能解江東一卦之意。以配合陰陽。即無陰陽差錯之弊。且得以小化大。以賤變貴。故結句而曰，蚯蚓逢之便化龍。卽謂此訣之不易得。亦卽謂可用此訣之地，更不易覓也。

子午卯酉四山龍。支兼干出最豪雄。乙辛丁癸單行蜧。半吉之時又半凶。坐向乾坤艮巽位。兼輔而成五吉龍。

此補言上文子午卯酉四支之龍。不能用單行蜧。必兼乙辛丁癸之四干者。其龍力始得豪强而雄厚。卽上篇所云子癸，午丁，卯乙，酉辛，之謂。亦卽子午卯酉之龍。不能單行，之謂也。四支之龍，旣不能單行。其乙，辛，丁，癸，四干之龍。亦不能單行，可知。乙辛丁癸之單行蜧。爲半吉半凶。其子午卯酉之單行者。亦是半吉半凶，可知。至坐向乾坤艮巽位。兼輔而成五吉龍。均於上篇，子癸午丁天元宮一節。已詳言之。故不贅。

辰戌丑未四山坡。甲庚壬丙葬坟多。若依此理無差謬。淸貴聲名天下無。爲官自有起身路。兒孫白屋出登科。八卦不是眞妙訣。時師休把口中歌。敗絕只因用卦安。何見依卦出高官。陰山陽水皆眞吉。下後兒孫禍百端。水若朝來須得水。莫貪遠秀好峯巒。審龍若依圖訣葬。官職榮華立可觀。

此言辰,戌丑,未,四維之地元龍。以作甲,庚,壬,丙,四正之地元穴也。按玄空眞訣。於羅經上辰龍,坐丙對壬。卽排卦中九龍,坐四,對一。龍,與坐。得四九爲友。坐與對。得一四合五。戌龍,坐壬,對丙。卽八龍,坐三,對二。龍坐得三八作朋。坐對得二三合五。丑龍,坐甲,對庚。卽六龍,坐一,對四。龍坐得一六共宗。坐對。得一四合五。未龍,坐庚,對甲。卽二龍,坐七,對八。龍坐得二七同道。坐對。得七八合十五。此卽龍,與坐。配河洛生成。坐與對。配合五,合十五也。若依此理,用無差謬。自然淸貴聲名甲天下。而無出其右矣。因龍坐,配生成。坐對,又合五。合十五。卽其所結之穴。已有出身之路。所以應及兒孫。亦由科甲出身而爲官。故又斷曰。爲官自有起身路。兒孫白屋出登科。若不依此理。而用固定之卦位。卽是用卦已差。焉能出高官。雖曰陰山陽水,皆似眞吉。誰知下後兒孫,反禍端百出。故丁寧反覆,切戒時師。莫把八卦之僞法。當作眞妙訣。歌在口中也。水若朝來須得水。莫貪遠秀好峯巒。卽補言龍,坐對。三者已能合法。又不可如俗師所云,坐空必朝滿。而貪遠秀好峯巒也。但得朝來之水。其水，又能得時，得位者。自然官職榮華，可立觀矣。
何謂得水。譬如坐丙，對壬。見庚水，爲得時。見壬，未二水，爲得位。坐甲，對庚。
見壬水，爲得時。見庚，未二水，爲得位。坐庚對甲。見辰水，爲得時。見丑，甲，二
水，爲得位。均可審定其龍，坐，向與朝來之水。預先繪圖作訣。而爲立宅安
坟之標準。故結句而曰，審龍若依圖訣葬。官職榮華立可觀。
元機妙訣有因由。向指山峯細細求。起造安坟依此訣。能令發福出公侯。眞
向支山尋祖脈。干神下穴永無憂。寅申巳亥騎龍走。乙辛丁癸水交流。若有
此山並此水。白屋科名發不休。昔日孫鍾扦此穴。從此聲名表萬秋。
此借寅申巳亥。四維之人元龍，作乙，辛，丁，癸，四正之人元穴。以發揮二十
四山。均有天地人三元之龍位。上中下三元之龍運。以及父母之通根卦
也。故曰元機妙訣有因由。向指山峯細細求。起造安墳依此訣。能令發福
出公侯。卽謂龍位之三元，與龍運之三元。皆各有機竅。已編成妙訣。且其
訣之所以成者。又有通根一法，以爲因由。其因由，又非可懸推而得。仍須

向指形巒上之山峯，細細求之。始得形巒，與理氣，合爲一轍。人能依此訣，以起造安坟。即能發福出公侯。其訣維何。然後得眞。即在向支山尋祖脈。而於干神，下穴。譬如寅申巳亥之龍。作乙辛丁癸之穴。並收乙辛丁癸之水。若果有此山，並有此水。可以白屋出科名。且發福無休息。恐不見信，故更引孫鍾墓以爲徵。孫墓，以天子岡之山龍。收富春江之水也。後出孫權，爲三國之吳主。而得聲名表萬秋。然此山此水。亦須從排卦得之。例如乙，通申。辛通寅。丁，通亥。癸，通巳。即是父母之通根法。又如乙辛丁癸，屬四正之人元。寅申巳亥，屬四維之人元。即是羅經，上龍位之同元。山上，寅排在八。申，四。巳，二。癸在六。癸中乃有亥也。水裏癸排在八。乙，六。辛，二。巳，在四。巳中，乃有丁也。是即排卦，中龍運之三元也。能知此法。即明此訣。然此訣，非僅於人元，用之。於天地二元亦用之。非僅於二，四，六，八等運用之。於一，三，七，九，等運，亦用之。故曰借四維之人元龍。作四正之人元穴。以發揮二十四山，未盡之義也。後學未明玄空眞訣。不知楊公之立法，實在細密。而以爲楊公固守祕密者，是亦妄人也矣。故此經開卷，卽曰實實作家傳。眞無一字不實。無一句不實耳。上節言水龍見山者。可以不管山。此節言山龍見水者。不能不管水。亦是玄空一要訣。

來龍須看坐正穴。後若空時必有功。州縣官衙爲格局。必然淸顯立威雄。范蠡蕭何韓信祖。乙辛丁癸作財豐。亥壬豐隆與祖格。巳丙旺相一般同。寅申巳亥等五吉。乙辛丁癸四位通。紫緋畫錦何榮顯。三牲五鼎受王封。龍囘朝祖玄字水。科名榜眼及神童。後空已見前篇訣。穴要窩鉗蝱到宮。試看州衙及臺閣。那個靠着後來龍。砂揖水朝爲上格。羅城擁衞穴居中。依圖取向無差謬。不是王侯卽相公。

此節，又言後空者。非重複其辭。實補言平洋穴法。不僅不要靠着後來龍。且須坐後，要有水到宮。始得稱爲眞空。而其氣足，其龍眞，其穴的也。來龍須看坐正穴。後若空時必有功。州縣官衙爲格局。必然淸顯立威雄。卽謂在平洋立穴者。當覰州縣官衙之格局爲標準。自然得淸顯威雄。且其功，全在後空。又須後空之處。有水繞抱。其來龍始眞。坐穴始的也。范蠡，蕭何，韓信，其祖墓雖無從考。此處引以爲證者。殆能合後空之法。與排卦中亦得以寅申巳亥之龍。作乙辛丁癸之穴。且收乙辛丁癸之水也。乙辛丁癸，足財豐。徵范蠡之主富。亥壬聳龍興祖格。巳丙旺相一般同。徵蕭，韓兩墓之主貴也。第亥壬，與巳丙，萬不可兼坐。如坐壬，向丙。而兼收巳水，坐巳，向亥。而兼收壬水。亦無不可。不過坐壬向丙。係坐生向要向上有水。坐巳向亥。係向生坐要向上有山。故於亥壬，而曰聳龍。卽言有山也。於巳丙，而曰旺相。卽言有水也。當與上篇第七節。巳丙宜向天門上。亥壬向得巽風吹。二句之注。參看寅申巳亥等五吉。乙辛丁癸四位通。卽是父母通根法。至此，始說出一通字。足見楊公之愼重耳。何謂五吉，卽寅申巳亥，於山上加癸。於水裏加丁。故曰五吉。其通根，仍止四個字。故曰四位通。如立穴者。能知通，根一法。卽可斷其紫緋晝錦之榮貴。三牲五鼎受王封。如更得前面來水。翻到坐後。以作龍回朝祖之穴者。又可斷其科名至榜眼。且出神童矣。後空一訣，前雖屢言之。又誰知，不僅在後空。且要坐後，有水繞抱。成窩鉗形。始得謂脈到宮。故於此補言之。第平洋之窩鉗。與山上，不同山上。以兩砂相抱。乃成窩鉗。平洋，以兩水相抱。始成窩鉗也。如不見信。試看州縣及臺閣。那個靠脊後來龍乎。倘得以水當砂。以水作朝。以水爲羅城。而立穴其中者。可許其爲平洋龍之上格。如能先明其訣。依訣繪圖。更能取向無差謬者。定是出王侯卿相之地矣。

天機妙訣本不同。八卦只有一卦通。乾坤艮巽躔何位。乙辛丁癸落何宮。甲庚壬丙來何地。星辰流轉要相逢。莫把天罡稱妙訣。錯將八卦作先宗。乾坤艮巽出官貴。乙辛丁癸田莊位。甲庚壬丙最爲榮。下後兒孫出神童。未審何山消此水。合得天心造化工。

此節，言挨星，與排卦，本不同法。且正卦，與旁爻。山上，與水裏。其挨排法，亦不同也。天機，卽天星運轉之機。妙訣，卽通根訣，與排卦訣也。八卦，卽羅經上之卦位。一卦通，卽排卦中。卦與卦通。爻與爻通。例如子午通。卯酉通。乾巽通。坤艮通。此山上之正卦相通也。壬癸，與辰巳通。丑寅，與庚辛通。甲乙，與未申通。丙丁，與戌亥通。此山上之旁爻相通也。至於水裏。正卦相通。與山上同。其旁爻壬癸與未申通。丑寅與丙丁通。甲乙與戌亥通。辰巳，與庚辛通。故曰天機妙訣本不同。八卦只有一卦通。既知通根，即可排卦矣。一經排卦，則乾躔巽。巽躔乾。坤躔艮。艮躔坤。爲山上天元之定卦。乙落震。辛落離。丁落兌。癸落乾。爲山上人元之定卦。甲來坎。庚來兌。壬來震。丙來巽。爲山上地元之定卦。若乾躔離。坤躔震。艮躔兌。巽躔坎。爲水裏天元之定卦。乙落乾。辛落坤。丁落離。癸落艮。爲水裏人元之定卦。甲來艮。庚來巽。壬來坎。丙來坤。爲水裏地元之定卦。能知排卦，即知躔何位。落何宮。來何地矣。其星辰之流轉。自得陰陽相逢迎。而配合既知星辰流轉。其天機妙訣。盡在於此。無事他求。故又丁寧相囑曰，莫把天罡稱妙訣。錯將八卦作先宗。即謂莫把四墓起天罡。與固定之卦位等。呆板爲法。稱爲妙訣。錯作先宗也。至乾坤艮巽出官貴。乙辛丁癸田莊位。甲庚壬丙最爲榮。下後兒孫出神童。要從挨星，與排卦，以斷驗之。非從天罡僞訣，與呆板卦位。所得而徵應也。故結句曰未審何山消此水。合得天心造化工。即謂未審挨星與排卦法。如何收得山來消得水去以合造化之天心乎。

五星一訣非眞術。城門一訣最爲良。識得五星城門訣。立宅安墳定吉昌。堪笑庸師多慕此。妄將卦例定陰陽。不向龍身觀出脈。又從砂水斷災祥。筠松寶照眞祕訣。父子雖親不肯說。若人得遇是前緣。天下橫行陸地仙。

此緊接上文，而言僅知五星一訣。未識城門者。仍是一知半解。尚未得玄空眞訣。須旣知五星，又識城門。則其法始備。而其術始眞。爲人立宅安墳。可定卜其吉而且昌矣。因城門，爲水所來去風所出入之處，與龍身之氣脈，息息相關。且天機之活潑者。亦全在乎此。故曰城門一訣最爲良。城門解，見靑囊奧語，八國城門鎖正氣句下。然城門一訣。亦須從排卦得之。於山上當空，則空。當實則實。於水裏要水，則見水。不要水，即不見水，之謂也。無如世人未明此訣。妄將卦例以定陰陽。旣不向龍身觀出脈。已忘其本矣。又從砂水斷災祥。但逐其末也。其庸愚，豈不堪笑乎。惟楊公寶照經中。具有五星與城門之眞妙訣。雖親如父子亦不肯明說。言其愼也。若有人，得遇此眞傳者。定是前緣。言其幸也。欲作陸地仙，以橫行天下。豈偶然哉。

世人只愛迴迴好。不知水亂山顚倒。時師但知講八卦。卻把陰陽分兩下。陰山只用陽水朝。陰水只用陽山照。俗夫不識天機妙。自把山龍錯顚倒。胡行亂作害世人。福未到時禍先到。

此中斥世人，但看形巒而不知理氣者，之非。又斥時師之言理氣。但講八卦。而不知玄空者。亦非陰山用陽水。陰水用陽山。其陰陽配合之理。原屬如是。不過此陰此陽。非羅經上，擺列之陰陽。乃排卦中，河洛數之陰陽也。能知排卦中之陰陽。其天機之妙。卽在於此。奈俗夫不識天機妙。自把山龍錯顚倒。卽謂俗夫不明排卦中，流轉之陰陽，而用八卦上，呆板之陰陽爲人立宅安坟。卽是胡行亂作害世人。欲求福而反以遭禍。故楊公不厭反覆重言以申斥之也。

陽若無陰定不成。陰若無陽定不生。陽水陰山相配合。兒孫天府早登名。

此節，提出生成，二字。卽以申釋上文所言之陰陽。係排卦中，河洛數奇耦相生成之陰陽。非羅經上卦位所固定之陰陽也。陽生陰成。陰生陽成。乃河洛之定理。先後天卦，以及干支。悉由此出。爲玄空學之總提要。學玄空者。能用河洛數之陰陽，以配山水。對於八卦，干支。自然得胳合。對於天時，地位，亦自然相配偶。故曰陽水陰山相配合。兒孫天府早登名。卽謂能得一山，一水，相配合就是一陰，一陽，相配合。能得一陰一陽相配合。就是天時，地位，相配合矣。宜其兒孫早登名於天府也。

都天大卦總陰陽。玩水觀山有主張。能知山情與水意。配合方可論陰陽。

此緊接上文，又申釋都天大卦。亦不過陰陽而已。都天，爲陰陽升降之中樞。在河，洛，卽五數，與十數。在先後天，卽處中以爲用。在天干，卽戊土，與己土。於玄空學。卽名十道天心者，是也。能得都天大卦之把鼻。以之玩水觀山。始得有一定之主張。其山之實情。水之眞意。亦卽可從此看出。山水之情意既投。自然得形巒，與理氣，其陰陽相配合矣。故結句，鄭重而曰，配合方可論陰陽。卽謂止論陰陽。而不論陰陽相配合。雖論盡陰陽。亦無所用之矣。

都天寶照無人得。逢山踏路尋龍蜧。前頭走到五里山。遇着賓主相交接。欲求富貴頃時來。記取篛松眞妙訣。

此於定卦定星後，更言推運之一法。都天，卽地位之中五也。寶照，卽天光之下臨也。能知地位與天光兩相對照。卽得都天寶照之經旨矣。第未明經旨。雖逢山踏路尋龍蜧。亦終無所得。故曰都天寶照無人得。逢山踏路尋龍蜧。如已明經旨者。卽以排卦，與挨星法。審其山情水意而得定卦，定星。星卦既定。卽可用排卦所得之令星。移入中宮以推時運。故曰前頭走到五里山。遇着賓主相交接。前頭，猶人羣中向前之頭目。指當令之山，水，而言也。九宮之中數，曰五。人民所居止，曰里。五里山者，卽中宮之五數，所居止之里。非此山之可以道里計。而曰五里也。其推運法，例如一運。以甲，午，亥，入中。依九宮順序推之。卽羅經上之戌六到甲，中五到午，巳四到亥。九運，以辰，子，辛，入中，推之。卽戌六到辰，中五到子，巳四到辛。餘可類推。因四，五，六，居一二三與七八九之間。俱得稱爲中數也。賓，卽天時也。主，卽地位也。賓主相交接。卽羅經上之四，五，六，從排卦，而飛臨於當令之山水。故得地位，與天時，兩相交接也。是則其地之星，卦，已能合法。且得天時之當令矣。欲求富貴，自然頃時來也。故結句曰，記取筠松眞妙訣。卽謂欲求富貴頃時來。須記着楊公之眞妙訣。又須取用楊公之眞妙訣，然後可耳。

天有三奇地六儀。天有九星地九宮。十二地支天干十。干屬陽兮支屬陰。時師專論這般訣。誤盡閻浮世上人。陰陽動靜如明得。配合生生妙處尋。

三奇，六儀，九星，九宮，卽奇門遁甲法。專爲兵家而設。不能移用於地理。干屬陽，支屬陰，係呆板之陰陽。又非玄空之配合法。而時師未明玄空眞訣。專論奇門遁甲與干陽，支陰之呆板者。焉有不誤盡閻浮世上人乎。故楊公於篇終極詆而痛斥之。欲明玄空眞訣。須於陰陽動靜中，求其配合。故結句，又丁甯相囑曰，陰陽動靜如明得。配合生生妙處尋。即謂形巒上之地位。靜而不動。理氣中之天時。動而不靜，亦即謂羅經上之陰陽。靜而不動。排卦中之陰陽。動而不靜。能明得陰陽動靜相配合。即能得地位與天時，亦相配合矣。其生生不息之妙處。即於此，而可尋覓之也。

下篇

尋得眞龍龍虎飛。水城屈曲抱身歸。前朝旗鼓馬相應。下後離鄉着紫衣。

，此節專論形巒而言。眞龍到頭結穴，其龍虎兩砂，護送到穴，反向外分飛者。益見其龍力之强。以之展大其局勢也。如兩砂未到穴而分飛。則其水，亦隨砂而分流。焉能水城曲屈抱身歸乎。第二句即曰水城屈曲抱身歸。即可證其兩砂護送到穴。然後其砂頭，向外分飛。所謂曜砂者，是也。砂既向外。又得前朝旗鼓，馬相應。故得徵驗其兒孫，亦在外鄉富貴而斷曰下後離鄉着紫衣。

乙字水纒在穴前。下砂收鎖穴天然。當中九曲來朝穴。悠揚瀦蓄斗量錢。兩畔朝歸穴後歇。定然龍在水中蟠。若有聲爲數錢水。催官上馬御階前。

此節專言平洋水龍之形局。乙字水。言其水路之勾曲。如乙字之形也。既有乙字水。纏在穴前。又得下砂收鎖。則其穴之天然。已可知矣。當中又有九曲水朝穴。其態度則悠揚而不迫。瀦蓄而不洩。於挨星。亦得星水相合。又如斗量錢。斗北斗也。卽星也。錢古作泉。卽水也。量料量也。卽合也。斗量錢。卽於挨星中。亦得星水相合者。兩畔隨龍之水。又得朝歸穴後。歇而不去者。則其龍在水中蟠。亦定可知矣。若有聲爲數錢水。乃假借數錢人之口聲。以言理氣也。凡是數錢人之口中。但聞其一五。一十。十五。之聲。卽言水之屈曲。來去處。於排卦中。再得合五合十合十五者。對於理氣。亦無不合法。故斷曰。催官上馬御階前。卽謂其徵驗之速。而且貴也。

安坟最要看中陽。寬抱明堂水聚囊。出夾結成玄字樣。朝來鸞鳳舞呈祥。外陽起眼人皆見。乙字灣身玉帶長。更有內陽坐穴法。神機出處覓仙方。

此言平洋穴。從大水以收小水之一法。凡大地結穴。可分三堂。卽此節。所云之內陽，中陽，外陽者，是也。中陽，即中堂因中堂，爲外入之水，與內出之水。所聚蓄之處此水不聚，即不結穴。故曰安坟最要看中陽，寬抱明堂水聚囊。至出夾水，即上文所云，兩畔朝歸穴後歇之水也。欲其如玄字樣，之曲折。如鸞鳳舞，之生動。即可證其龍之擺撥矣。故曰出夾結成玄字樣。朝來鸞鳳舞呈祥。至外洋之水，即江湖海蕩之水也。言其大而易見。故曰外陽起眼人皆見。不知其結穴處須大水分出之小水。若河，若浜者，又須其河浜之水。若上文所云，乙字灣身長而且環。如玉帶之形者。始得收而用之。此二句，爲此節之主要。即從大水，以收小水，之一法也。結句曰，更有內陽坐穴法，神機出處覓仙方。即謂坐穴要重內堂。出即動也。處即靜也。仍須從排卦，挨星。於羅經上之靜與挨排法之動。以尋覓之。自然得地位，與天時。相配合之神機。可稱爲陸地仙。得坐穴之方法矣。

水直朝來最不祥。一條直是一條鎗。兩條名爲插脅水。三條云是三刑場。四水射來爲四煞。八水名爲八煞殃。直來反去拖刀煞。徒流客死少年亡。時師只說上砂逆。禍來極速怎堪當。墢圳街路如此樣。急宜遷改免災殃。

此緊接上文而言朝來之水最喜其曲。大忌是直。如直水朝來愈多愈凶。倘直來而反去。其凶更甚。無如時師只說下砂之逆。以爲可取。不知直朝之水。遭禍極速。雖得下砂之逆。怎堪當之。非但直水。不能朝來。即是墢圳。街路之直者。亦不可朝來。因其形如直射。亦足以致災殃。須遷改以避免之。楊公相地之愼密。於此可見一斑。

前水朝來又擺頭。淫邪凶惡不知羞。乾流自是名繩索。自縊因公敗可憂。

此承上文。而言凡朝來之水。僅有小曲小折。亦是凶象。言其大勢仍直。不過小有曲折。如擺頭之狀者。亦主淫邪凶惡。且出無羞恥之人。因其有搖頭擺尾之形。故其應也。亦出脅肩諂笑之人。不但明水如此。即乾流之水路。而如前形者。亦名爲繩索。其災禍之來。即取應於繩索。而因公敗事。以致自縊也。習地理學者。可不謹愼將事乎。

左邊水反長男死。右邊水射少男亡。水直若然當面射。中男離鄉死道旁。東西南北水射腰。房房横死絕根苗。貪淫男女風聲惡。曲背駝腰家寂寥。左邊水反長男絕。離鄉忤逆皆因此。右邊水反少男傷。風吹婦女隨人走。當面水反中切當斷，定中房有損傷。左右中反房房絕，切忌坟塋遭此刼。

此兩節極言反弓水與直射水之凶。且見於何位。卽應於何房。竟有如影隨形。絲毫不爽之驗。水所來去之處。卽風所出入之處。風主風化。故有婦女隨人走之應。倘坟塋而遭此刼者。雖不至死亡敗絕。亦必出曲背駝腰不全之人。或男女貪淫無恥之徒。而家道寂寥矣。於此可見凡龍與穴。有惟我獨尊之勢。反水卽背我也。直水卽犯我也。背我犯我。卽是凶象。可不愼哉。可不愼哉。

一水裹頭名斷城。下之雖發未爲榮。兒孫久後房房絕。水到砂收，反主興。

裹頭水，卽名斷城。言其水城不完備也。平洋雖喜近水立穴。然左右後三方之水。不嫌其逼窄。獨於面前之堂局。欲其雍容不迫。倘一水裹頭。穴前已無餘氣可知。卽有龍蜿到頭。亦是薄弱不堪。不宜下穴。若不得已而下之。雖發，亦未見爲榮。且後有房房敗絕之處。結句云，水到砂收反主興。或者於形巒不足。對於排卦中，有旺水到堂。旺砂可收。反得一時興旺耳。

茶槽之水實堪憂。莫作蔭龍一例求。穴前太偪割唇脚。不見榮兮反見愁。

茶槽，以形言，謂其水形硬直也。一本槽作糟，謂其水色之黃濁。如茶釀，與糟汁也。總之其形硬直，或其色黃濁者。均非吉水。故曰莫作蔭龍一例求。蔭龍水，有兩種。一在高山出脈處，名爲天池。一在穴前小明堂，名爲天心。最喜澄淸。大忌黃濁。據此而論，其槽字，當作糟字，爲是。卽謂天池天心二水，均不宜黃濁也。穴前太偪割唇脚，言割唇割脚之水。與上文所云裹頭水，大同而小異。裹頭者，言其貼身兩水。到穴前不能圓轉展開。反步步裹緊。以成尖形者，名爲裹頭。割唇，割脚者，謂其兩水緊偪割去圓唇。或從立穴處脚下割歸也。卽有龍脈到頭。其氣虛力弱，可知。故斷曰，不見榮兮反見愁。

玄武攞頭有多般。未可慳然執一端。或斜或直或正出。須憑直節對堂安。攞頭直出是分龍。須審何家龍蝱蹤。大山出蝱分三訣。未許專將一路窮。

此言平洋穴而得玄武水者。適合平洋後空之上格。如其來水擺頭無定。即須視其水之如何擺來。從水裏排卦法。審定其出卦，不出卦，以作取舍之標準。未可慳然固執一端。以失其正龍正穴之謂也。斜來，用斜取。側來，用側取。正來，用正取。亦須從排卦所得後來之直節。與前對之明堂合法者，以安之。始不失爲直節對堂安之旨。倘水來擺頭，又直出而去。即是分龍過蝱之處。尙非結穴之所。故須審其所來之水。與所去之水。旣能曲折。又能合於排卦法者，方是正龍正蝱。否則，皆爲閒散之水矣。看水龍之捷訣。即在於此。然非僅水龍如此，就是山龍。在大山出蝱之際。不止一路來者。亦須視其分出之蝱。與後面之祖山。用山上排卦法。得同在一卦者，爲不出卦。或合卦上之四大玄空。或合河洛之陰陽生成。方是正龍正蝱。故結句，更申言山龍。而曰大山出蝱分三訣。三訣者，即合同卦，合四大，合生成之三訣也。如但憑形巒之顯明者一路窮追。即非其法矣。故又曰，未許專將一路窮。始合形巒，與理氣，爲一轍矣。

家家坟宅後高懸。太陽不照太陰偏。必主其家多寂寞。男孤女寡實堪憐。

此恐後人，誤用山龍穴法。以作平洋穴也。若是山龍結穴，喜其後高。是爲太陽正照。倘遇後空，即太陽失陷矣。若是平陽結穴。最愛後空。方得太陽正照。倘遇後高，即掩蔽太陽矣。無如世人，不解此意。於平洋作墓宅者。亦求其背後高懸。以致太陽不照。反受陰毒，必主家多寂寞。男孤女寡之禍。實堪憐惜。故楊公，不厭丁甯以告誡之。然此僅爲形巒上立言。如對於排卦中，應空者。雖山龍，亦不妨坐空。應實者。雖洋龍，亦不忌坐實。總之形巒，與理氣。須求其一貫耳。

貪武輔弼巨門龍。方可登山細認蹤。水去山朝皆有地。不離五吉在其中。

此言形巒上。九星中之五吉也。若形巒，而得成貪木，武水，輔金，弼水，巨金。即爲龍上之五吉。方可登山，細認來龍之蹤跡。倘得形巒，與理氣。兩皆合法。無論山朝者，有地。即水去者，亦有地矣。因其行龍，已得九星中之五吉也。

破祿廉文凶惡龍。世人坟宅莫相逢。若然誤作陰陽宅。縱有奇峯到底凶。

此言形巒上。九星中之四凶也。破軍火祿存土廉貞火文曲水在高山起祖之際得之。反貴。必須剝換而成五吉者然後可以安坟立宅。倘世人貪其峯巒奇異遽就其下。作陰陽兩宅則凶煞未化。到底有凶禍之應也。愼之愼之。按撼龍經所云。凡星辰得端正秀麗者皆吉。歪斜破碎者皆凶。亦不拘貪武等五者皆吉。破祿等四者皆凶也。

本山來龍立本向。返吟伏吟禍難當。自縊離鄉蛇虎害。作賊充軍上法場。明得三星五吉向。轉禍爲祥大吉昌。

此言推運法中反吟伏吟之凶徵也。本山。本向。非形巒上之倒回龍。與倒騎龍也。返吟伏吟。亦非排卦中之返吟卦與伏吟卦也。要從其斷驗上所云自縊與蛇虎害及上法場等凶徵中看出。始知其由推運法以定之耳。

按推運法。譬如一運。以甲午亥之山入中推之。卽酉到酉。爲伏吟。再以壬巽寅之向。入中推之。卽酉到卯，爲返吟。如一運，而立酉山，卯向。因犯金刑，而上法場矣。九運以未乾丁之山。入中推之。卽卯到卯，爲伏吟。再以庚子已之向入中推之。卽卯到酉，爲返吟。如九運，而立卯山酉向。因犯木刑。而懸樑自盡矣。七運以庚卯丁之山。入中推之。卽申到申。以辰艮申之向。入中推之。卽寅到寅。皆爲伏吟。如七運，而立申山寅向。因寅背虎。而遭虎害矣。三運以壬酉乙之山。入中推之。卽巳到巳。爲伏吟。以丑坤亥之向。入中推之。卽巳到亥，爲返吟。如三運，而立巳山亥向。因巳背蛇。而遭蛇害矣。查四正運，乃有返吟伏吟。四維運，卽無之。避之亦甚易易。學地理者。不可不知而或忽之也。至三星五吉向。因地元獨出。止有獨向。而天人二元。可用兼向。故於坐山止三星。而向首有五吉。能明乎此。卽可轉禍爲祥。且得大吉昌矣。

龍眞穴正誤立向。陰陽差錯悔吝生。幾爲奔走到朝廷。纔到朝廷帝怒形。緣師不曉龍何向。坟頭下了剝官星。

此緊接上文，而言立向一法。極關重要。本山本向，固有如上文所言之凶。若誤立陰陽差錯之向，就是龍眞穴正，亦雖發而未見其榮。反多悔吝之生也。此節之言陰陽，卽羅經上紅黑字之陰陽也。陰陽不淨，卽龍位之三元不淸，而其穴亦不能迎神接氣矣。雖出人才，得功名，而亦不能顯榮。緣時師不曉因龍立向之法，將眞龍正穴下了剋官星之向。故有纔到朝廷帝怒形，之應也。

尋龍過氣尋三節。父母宗枝要分別。孟山須要孟山連。仲山須要仲山接。干奇支耦細推詳。節節照定何脈良。若是陽差與陰錯。縱吉星辰發不長。一節吉龍一代發。如逢雜亂便參商。

此申言龍脈，不能出卦。以一元歸一元。無論正卦，與旁爻。天干與地支。各種行龍出脈。於三節之內。應卦與卦，爻與爻，干與干，支與支，一氣貫通，而後可。故曰須要連，須要接。至干奇支耦細推詳者。非謂干定是奇，支定是耦。卽言山水排卦法。一干一支各有奇耦。以分陰陽。始得陰陽純粹。節節定爲良蝂矣。如干中之甲乙庚辛山奇水耦。丁壬，山水俱奇。丙癸，山水俱耦。支中之子午卯酉山奇水耦。丑寅未申山耦水奇。辰亥山水俱奇。巳戌，山水俱耦。更須仔細推詳。以免陰陽差錯之弊。若非然者。卽犯陽差陰錯。不能一氣貫通。於形巒上之星辰雖吉。於排卦中已不合法。故斷曰，一節吉龍一代發。如逢雜亂便參商。卽謂雖發，亦不能久遠也。

先識龍蝂認祖宗。蜂腰鶴膝是眞蹤。要知吉地行龍止。兩水相交夾一龍。夫婦同行蝂路明。須認劉郎別處尋。平洋大水收小水。不用砂關發福久。水口若似人物形。定出擎天調鼎臣。

此節分辨山龍與平洋。其行龍與結穴。皆有不同之點。蜂腰鶴膝，是山龍之眞蹤。兩水交夾乃平洋之眞龍。言行龍之不同也。山龍結穴須用兩砂關闌。平洋結穴，要大水收小水。言結穴之不同也。其間所云夫婦同行蝂路明。須認劉郎別處尋，二句。又將山龍，與平洋。合言排卦一法。如遇山龍，或平洋。有兩蝂並行者。須用山上，與水裏之排卦法。認定其所來之山水。

與所去之山水。於排卦中，能合夫婦者。方是眞龍眞脈。否則，卽爲閒山閒水矣。故須別處尋也。末二句所云水口石似人物形。定出擎天調鼎臣。亦將山穴與洋穴合言形巒。而得守水口之石。成形似人似物者。卽斷其地之貴。可出擎天調鼎之臣也。

龍若直來不帶關。支兼干出是福山。立得吉向無差誤。催祿催官指日間。

凡龍，最忌直來。惟山龍，爲形局所拘。只得起伏以作勢。雖是直來反見其發福之速，而且貴也。但須其直來之處。於形巒上，旣不帶關煞。於理氣中，又支兼干出。故得稱爲福山。若更能立吉向而無錯誤，反得其直來與兼行之力。故斷其有催祿催官指日間之貴而且速也。

乾坤艮巽脈過凹。節節同行不混淆。向對甲庚壬丙水。兒孫列土更分茅。仲山過脈不帶關。三節山水同到前。斷定三代出官貴。古人準驗無虛言。

此舉乾坤艮巽之過脈而言。體陰用陽之一法。四維本陰。而羅經上之字，反紅者。其用陽也。陰脈本起脊有凸。而曰脈過凹者。亦用陽也。舉一體陰用陽。則體陽用陰，可隅反矣。脈得陰陽體用。方為有氣。且得節節同行不混淆。則卦氣亦清真矣。既得乾坤艮巽之過脈。且立甲庚壬丙之向。更收甲庚壬丙之水。即得龍合坐，坐合向，向合水之法。自然主兒孫，有列土分茅之貴。倘得仲山過脈。於三節內之山水。一卦純清。一同到前。即可斷其三代出官貴。何謂乾坤艮巽之脈。得向對甲庚壬丙之水乎。於古人排卦法中有之。即乾字過脈，立坐甲向庚，收庚水，之穴。於排卦中，得乾四，甲一，庚四，即脈與坐，得四一合五，坐與向水，亦得一四合五也。坤脈，立坐庚向甲，收甲水。得坤八，庚七甲八。脈與坐，合八七十五。坐與向水，合七八十五也。艮脈，立坐壬向丙，收丙水。得艮二，壬三丙二。脈與坐，得二三合五。坐與向水，得三二合五也。巽脈，立坐丙向壬，收壬水。得巽六，丙四，壬一。脈與坐，得六四合十。坐與向水，得四一合五也。既得脈與坐。坐與向。向與水。三者悉合其準驗，自然不爽。古人豈欺我哉。

發龍多向支神。取若是干神又不同。支若載干為夫婦。干若帶支是鬼龍。子癸爲吉壬子凶。三字眞假在其中。乾坤艮巽天然穴。水來當面是眞龍。

此承上文，而更言四正之龍。四正者，卽子午卯酉之四支。故曰支神。干神者，卽壬癸丙丁甲乙庚辛。爲四正之旁爻。發龍多向支神取，卽謂龍若從四正發出者，要多向支神一邊取用。若是干神，雖同在四正。其取用，卽不同矣。因八干中，有壬丙甲庚，屬陽。乙辛丁癸屬陰之不同。又有壬丙甲庚，爲地元。乙辛丁癸爲人元，之不同。故曰若是干神又不同。其多取與不同之點。因支載干爲夫婦。干帶支是鬼龍也。例如子癸屬淨陰。爲天元兼人元，而吉。壬子，卽陰陽差錯。爲地元兼天元，而凶。三字眞假在其中。卽於壬子癸三字中。就可分其眞假。至乾坤艮巽天然穴。水來當面是眞龍。卽謂四維之穴，與四正不同。但得當面有水朝來。卽是龍眞穴正矣。因排卦中，乾穴得巽水。卽四一合五。巽穴得乾水。卽六九合十五。坤穴，得艮水。卽八七合十五。艮穴，得坤水。卽二三合五。均得坐，向，水之三合矣。

要識眞龍結眞穴。只在龍蜒兩三節。三節不亂是眞龍。有穴定然奇妙絕。千金雞買此元文。福緣遇者無輕泄。依圖立向不差分。榮華富貴無休歇。時師不明勉强扦。雖發不久卽敗絕。

此補言龍，穴，向，水四者。又着重在龍也。至於格龍一法。能得二三節不差錯。其卦氣已全。不必苛求於兩三節已上，之謂也。若得兩三節淸眞之龍脈。定然能結奇妙絕之穴。既得奇妙絕之穴。又能立向不差分。自然榮華富貴，無休歇矣。其間所云千金雞買此元文。福緣遇者毋輕泄，兩句。謂玄空學之可寶貴，又當愼重也。末二句云，時師不明勉强扦。雖發不久卽敗絕。卽誠時師不明玄空眞訣。又未知依圖立向者。欲求福，反遭禍。切勿胡行亂作。爲人勉强立宅扦穴也。楊公之用意，深矣。

一個星辰一節龍。龍來長短定枯榮。孟仲季山無雜亂。數產人龍上九重。節數多時富貴久。一代風光一節龍。

此言來龍之長短。以定發福之久暫也。然龍身雖長。不成星辰。又非一元，歸一元。亦無所用之。必須其形巒上節節成星辰。於排卦中節節不出位。

方得產人中之龍。而貴極九重，且發福久長。倘止一節成星辰。其餘卽不成星辰。或出卦者。不過一代風光而已。此卽楊公戒後學。要着重在龍蝂之深意。亦卽歸結上篇第三節。所云，須看龍到頭，之意也。

第一頁前版第五行第三字與誤與
第卅八頁後版第六行第十五、十六二字祕密誤倒密祕
第四十六頁後版第二行第廿六、廿七二字陽順誤倒順陽
第七十六頁後版第一行第廿三字當誤常